ERICA VERNETTI PROT

SALUTE FINANZIARIA

Tecniche e Segreti per Cancellare i Debiti Arretrati e Gestire Efficacemente il Denaro di Casa

Titolo

"SALUTE FINANZIARIA"

Autore

Erica Vernetti Prot

Editore

Bruno Editore

Sito internet

http://www.brunoeditore.it

Sommario

A mia madre che veglia su di me,

"Addio – disse la volpe – Ecco il mio segreto. E' molto semplice: non si vede bene che con il cuore. L'essenziale è invisibile agli occhi."

Il Piccolo Principe, Antoine de Saint-Exupéry

Introduzione

Vi è mai successo di essere ancora a inizio mese, di lasciarvi andare a qualche spesa pazza e... impallidire alla visione del saldo del conto corrente? E magari non sapevate di aver speso così tanto e nemmeno dove avete potuto spendere quei soldi? Non vi preoccupate, non siete gli unici. È successo anche a me, ed è il principale motivo che mi ha spinto a occuparmi del problema.

Le scuole non ci formano a saper gestire i soldi, e nemmeno a contabilizzarli, per lo meno in Italia. D'altro canto siamo bombardati di pubblicità che ci fanno desiderare di comprare di tutto, sempre più mirate e invoglianti. Tutti ci cascano, soprattutto se non hanno ben presente qual è il loro budget di spesa, quanta disponibilità hanno sui conti correnti ecc. È importante conoscere la propria situazione finanziaria per essere consapevoli delle proprie spese e non trovarsi in difficoltà con tasse, rate e bollette.

Un articolo del quotidiano *Il Tempo*, del 5 dicembre 2015, riporta un dato scioccante: «Un quinto delle famiglie italiane ha difficoltà a far quadrare i conti tra entrate e uscite. Si tratta di circa 5 milioni di famiglie, quasi il 20% del totale, ma tra i nuclei di livello socioeconomico basso la percentuale sale al 37,3%. È il dato che meglio fotografa l'allargarsi della forbice sociale». Sai qual era il titolo dell'articolo? «Il 20% della popolazione italiana spende più di quanto guadagna»! Lo trovo un dato scioccante, soprattutto perché, nella maggior parte dei casi, non è dovuto a spese necessarie, ma a spese compulsive.

C'è chi compra d'istinto, chi per sentirsi bene, chi per consolazione ecc. Dovete però pensare che, per un momento di effimero piacere o incoscienza, non fate altro che danneggiare voi stessi e le vostre famiglie. Ovviamente non dovete rinunciare a tutto, ma solo stabilire un budget e godere appieno di ciò che disponete, senza sprechi.

La pubblicità non è il male del nostro tempo, infatti è ovvio che ogni azienda voglia far conoscere ciò che vende e le caratteristiche che la contraddistinguono dalle altre. Ma ricordate: siete *voi* ad avere il potere di scegliere. Voi potete scegliere se comprare, se posticipare la spesa e se la spesa è necessaria o no. Ma in base a cosa prendete le vostre decisioni? Vi regolate d'istinto? E su quali basi scientifiche gestite il denaro di famiglia? Quello che voglio assolutamente farvi sapere è che, anche in un momento di crisi economica, come quello che sta inondando l'Italia dal 2008, si può risanare la propria situazione finanziaria, si può guardare al futuro e si può sognare. Servono solo disciplina, lucidità e metodo.

Un'altra cosa che ritengo importante sottolineare è che *tutti devono saper contabilizzare i propri soldi*. E con ciò intendo davvero tutti: il single, lo studente, la pensionata, la mamma-lavoratrice ecc. Non ci deve essere un incaricato in famiglia che lo fa per tutti. Tutti devono cooperare e collaborare a redigere il bilancio familiare, di modo che ciascuno, soprattutto se è un giovane o un bambino, possa imparare a diventare un bravo amministratore delle proprie finanze, dei propri futuri stipendi, possa un giorno essere un padre di famiglia responsabile, un compratore cosciente e tramandare, a sua volta, le sue conoscenze. Solo così le famiglie riusciranno a essere sempre più solide finanziariamente e a vivere con maggiore serenità.

Ho molti esempi, in famiglia, di persone che dicono che la

contabilità giornaliera a loro non serve, che tanto sono già brave a fare i conti "a braccio", che "hanno il polso della situazione". Posso assicurarvi che non è assolutamente vero! Fate un mese di programmazione e vedrete che sarete molto più coscienti di tutto e riuscirete a gestirvi come mai prima. Di solito le persone che parlano in quel modo sono quelle che la contabilità non l'hanno mai fatta, perché la vedono come una noiosa perdita di tempo.

Altre persone invece sono piene di buone intenzioni, ma rimandano i loro propositi al futuro. Non procrastinate quando si tratta di soldi! Nascondere la testa sotto la sabbia o rimandare sempre al mese successivo non aiuterà le vostre finanze, semmai accrescerà i vostri debiti. Bastano davvero pochi minuti al giorno per appuntarvi le spese e avere, di conseguenza, grossi ritorni economici in termini di risparmi e debiti saldati. Il momento di cominciare è *ora*, qualunque sia la vostra situazione economica e in qualunque mese dell'anno vi troviate. Affrontate le vostre azioni quotidiane e prendete il toro per le corna: solo così potrete cambiare radicalmente la rotta.

È per tutta questa serie di motivi che ho deciso che era giunta l'ora di impostare un metodo accurato e preciso di contabilità, che fosse allo stesso tempo intuitivo, facile e veloce; ovvero, a portata della frenetica vita moderna che conduciamo.

Capitolo 1:
Come capire la propria situazione finanziaria

So benissimo che questo è il capitolo più "pauroso", quello in cui dovrete guardarvi allo specchio e ammettere di aver sbagliato qualcosa, o affrontare il fatto di non aver agito per migliorare la vostra situazione finanziaria. Non vi sconfortate, perché sebbene sia una "doccia fredda", questo capitolo è fondamentale. La conoscenza è potere, in tutti gli ambiti, e quello finanziario non fa eccezione.

Sapere esattamente dove vi trovate deve, al contrario, essere per voi una "leva", un motivo di riscatto. Più questo sentimento sarà forte, più facilmente raggiungerete, uno per uno, i vostri obiettivi, con grinta e voracità.

Perciò, anche se la vostra situazione fosse disperata, vi chiedo di non alimentare le emozioni negative, bensì di trasformare questi potenti sentimenti in uno stato d'animo costruttivo. Bandite ogni frase negativa e distruttiva, perché non vi aiuterà in alcun modo a cambiare la situazione. Al contrario, un approccio positivo e calmo, unito a fatica e impegno, potrà sicuramente rimettervi in carreggiata.

Un aiuto a trovare la "leva", ovvero ciò che potrà spingervi a rimettere in sesto le finanze, lo trovate nel vostro "perché". Perché state leggendo questo libro? Perché siete motivati a cambiare la vostra situazione finanziaria? Cosa vi spinge? Cosa temete?

Avere una forte motivazione, un forte "perché", vi darà lo slancio emotivo per capire il "come", per cominciare cioè a seguire un piano di risanamento delle vostre finanze e perseverare nel seguirlo anche quando avrete la tentazione di mollare.

Ogni qualvolta penserete che sia troppo faticoso, che avrete la tentazione di comprare comunque o di non contabilizzare, chiedetevi: Perché lo faccio? Perché ne ho bisogno? Cosa potrò fare con ciò che risparmio?

Prima di addentrarmi nel metodo, vi devo chiedere di promettere a me, ma soprattutto a voi stessi, di essere completamente onesti nella compilazione dello schema.

Omettere qualche debito o non compilare in maniera minuziosa la scheda potrebbe darvi un fugace sollievo, una momentanea fuga dalla realtà, ma porterà al fallimento del metodo proposto in questo libro. Quindi, siate del tutto onesti, siate accurati, siate fiduciosi. Capirete tutto leggendo i vari capitoli del libro.

Il foglio di lavoro da me realizzato in Excel è composto da due colonne, che procederò a spiegare singolarmente, passo per passo.

Risorse	
Contanti	
Conto Corrente	
Altri Conti	
Fondo Pensione	
Conto di Risparmio	
Valore 1° Casa	
Valore Altre Case	
Terreni	
Obbligazioni	
Azioni	
Vitalizio / Pensione	
Royalties	
Valore Veicoli (auto, Moto, Bici)	
Valore Veicoli Ricreativi (Camper, Barca)	
Valore Arredamento e Mobili	
Opere D'Arte	
Valore Elettrodomestici e apparecchi Elettronici	
Gioielli e Pellicce	
Collezionabili	
Strumenti Musicali	
Equini e Animali	
Altro	
Totale	0

La prima scheda è intitolata "Risorse" perché serve per comprendere a fondo cosa possediamo. Perché facciamo un elenco? Semplicemente perché nella quotidianità non ci rendiamo conto del valore delle cose che possediamo o di quante risorse abbiamo effettivamente a disposizione.

Ad esempio, vi può capitare di trovare in cantina un vecchio quadro di una vostra parente e, facendolo stimare, potreste scoprire che ha un ingente valore. Non vi farebbero comodo quei soldi, anziché avere un ingombro in casa inutilizzato?

E poi, conoscete davvero il valore complessivo di mercato di ciò che avete? Oppure, sapete quanti soldi in oggetti avete investito in tutti questi anni? Per esempio, se avete un'automobile, o una casa al mare, sapete nelle loro attuali condizioni quanto potrebbero valere? Può rivelarsi molto utile operare un'indagine di questo tipo perché, all'occorrenza, si potrebbe decidere di non tenere tutto e di rivendere qualcosa. Magari qualcuno potrebbe scoprire di avere un patrimonio in oggetti, mobili e immobili senza essersene mai reso conto.

Personalmente ho vissuto alcuni anni in cui ero in difficoltà economiche e, rivendendo oggetti regalati e mai utilizzati, o ereditati, sono riuscita a saldare qualche debito. È stata la miglior cosa che potessi fare.

La vendita non mi ha fatto arricchire e, tranne per alcune eccezioni, non farà arricchire nemmeno voi, ma potrebbe costituire una riserva extra di soldi da impiegare per risanare la vostra situazione economica o come accantonamento per il vostro fondo risparmi.

Qualche entrata come questa può costituire una boccata di ossigeno in un momento di difficoltà. Alla fine della lista ho inserito la voce "altro" nel caso in cui aveste qualcosa di particolare da aggiungere che io ho tralasciato.

La seconda colonna si chiama "Passività" ed è la seguente:

Passività	
Mutuo Totale	
Leasing / Rata Veicoli	
Leasing Altri Strumenti	
Prestito Totale	
Fido in Negativo	
Riscatto PensionisticoPassività Legali	
Conti scoperti	
Conti da Saldare	
Debito Verso Terzi 1	
Debito Verso Terzi 2	
Stipendi da Pagare	
Altro	
Altro	
Totale	0

Questa scheda è la meno "divertente" da compilare, poiché tratta le passività, ovvero tutti i vostri debiti. Ce ne sono di moltissimi tipi, perciò ho riportato quelli più comuni: il mutuo, il prestito, il leasing, il fido, lo scoperto di conto ecc. Ho elencato volutamente anche lo scoperto di conto bancario perché, come vedremo più avanti, ha dei costi molto alti in termini di interessi e costituisce comunque un debito verso la banca.

È molto importante compilare bene questa colonna, perché vi consentirà di definire quanti soldi escono, o dovranno uscire, ogni mese per far fronte a un piano di recupero. Ovviamente potete aggiungere in coda altre tipologie di passività sotto la categoria "altro". Lo so che è dura, ma siate accurati.

Adesso ciò che dovete fare è mettervi di buona lena e cercare su Internet il valore approssimativo di tutto ciò che possedete, per quanto concerne la categoria "Risorse", e trovare tra le varie scartoffie della banca i dati per la compilazione della categoria delle "Passività". Per facilitarvi il lavoro, sapendo quanto ormai il computer, il tablet e il telefono cellulare siano sempre con noi, le schede da me realizzate sono scaricabili, compilabili e personalizzabili da ciascuno di voi semplicemente cliccando sul seguente link: http://www.ericavernettiprot.com/

Vi sarà chiesto di lasciare un indirizzo email per mandarvi eventuali aggiornamenti o novità nell'ambito del personal budgeting. Tramite questo link, potrete trovare anche le tabelle relative alle parti successive del libro, anche queste compilabili e personalizzabili in modo da essere il più possibile adatte alle vostre esigenze.

Nessun debito è buono ma dobbiamo distinguere quali debiti sono *tollerabili* e quali, al contrario, sono *cattivi*. Nei **debiti tollerabili** rientrano quattro classi di passività:

1. il mutuo;
2. il prestito;
3. debiti contratti con la famiglia a interessi zero;
4. debiti da investimenti.

Quest'ultima categoria è tipica degli imprenditori più formati a livello finanziario, cioè coloro che sanno indebitarsi per trarne un successivo profitto. Sconsiglio, tuttavia, a chi non abbia avuto una buona formazione finanziaria, di utilizzare tale categoria.

Perché questi debiti sono *tollerabili*? In che cosa si differenziano da quelli *cattivi*? Gli interessi di queste passività sono molto più bassi degli altri prodotti finanziari in circolazione. Il mutuo, infatti, è un debito che si contrae di solito su una cifra ingente, ad esempio quando si acquista un immobile, ed ha un ritorno lento e periodico nel tempo, grazie alle molteplici garanzie richieste dalla banca. Se il suo interesse fosse troppo alto, siccome la durata minima è 5 anni, nessuno lo utilizzerebbe, in quanto risulterebbe svantaggioso.

Il prestito invece è vantaggioso perché viene chiesto per cifre solitamente moderate e che si vogliono restituire in breve tempo. In questo caso, il tasso di interesse è basso, poiché il rischio delle banche connesso a quell'investimento è, a sua volta, basso, tenendo anche presente che spesso si richiede anche la firma di un garante. Come avrete già intuito, tutte le altre tipologie di passività rientrano nella categoria dei **debiti cattivi**. Tra questi i peggiori sono il fido – quando rimane a lungo scoperto – lo scoperto di carta ed eventuali prestiti contratti con usurai. Le questioni relative a carte di credito e scoperto saranno approfondite meglio in seguito.

Avete più debiti buoni o più debiti cattivi? Dopo questa analisi, osservate la colonna delle "Passività" e analizzate la vostra situazione. Ho volutamente fatto questo discorso perché volevo rendervi coscienti di quali sono i debiti che vi costano di più e che, quindi, devono per forza di cose essere estinti prima. Fare un buon piano di ritorno dei debiti deve essere il vostro primo obiettivo; per voi, ma soprattutto per la vostra famiglia. Nessuno di noi vuole vivere nell'angoscia dei debiti, e men che meno lasciarli in eredità ai figli. Perciò adesso elaboreremo insieme un piano.

La prima cosa da fare è cercare, per ogni tipo di passività che avete contratto, qual è il tasso di interesse che state pagando sul debito e qual è la rata minima mensile sulle carte delle banche che vi sono state consegnate il giorno della stipula del contratto. Una volta in possesso di questi dati, stabilite una priorità di ritorno dei debiti che preveda di saldare prima i debiti cattivi, che hanno tassi di interesse più alti, e poi, gradualmente, gli altri, fino ad arrivare ai debiti tollerabili. Vi consiglio di fare una lista per iscritto e di tenerla sulla scrivania, perché vi eviterà in futuro di dimenticare la priorità stabilita.

Nel capitolo del budget di spesa mensile e annuale, dovrete

valutare se la differenza tra entrate e uscite mensili vi consente di pagare, oltre alle rate fisse mensili per eventuali prestiti tollerabili, un ammontare extra per rientrare dei vostri debiti più costosi. Se ciò è possibile, cercate di estinguere al più presto, facendo quanti più sforzi possibile, il debito in assoluto più costoso e pressante. Poi continuate con gli altri debiti cattivi.

Una volta estinti i debiti cattivi, infatti, le rate dei debiti tollerabili diventano periodiche e di più facile gestione nell'ambito del budget mensile. Altrimenti, se non fosse possibile ricavare una cifra extra da versare nel vostro debito cattivo, una buona tecnica potrebbe essere quella di rottamare il mutuo e allungarlo nel tempo, o modificare il prestito in modo da avere delle rate mensili più basse. Così facendo, la differenza tra quanto pagavate di rata mensile sul mutuo/prestito non rottamato e quanto pagate sul mutuo rottamato può essere destinata al debito cattivo.

È un punto fondamentale, perché bisogna saldare prima i debiti più costosi preservando in ogni caso la regolarità nei pagamenti del mutuo di casa, in modo da garantire all'intera famiglia un "tetto sulla testa". Una volta saldati quelli, si può sempre accorciare la durata del mutuo o del prestito per terminare prima il loro pagamento; però, facendo come descritto, si saranno evitati sprechi di soldi sui debiti cattivi.

RIEPILOGO DEL CAPITOLO 1:

- SEGRETO n. 1: trovate un valido motivo per riscattarvi e nei momenti di crisi ricordatevelo sempre.
- SEGRETO n. 2: valutate il patrimonio in vostro possesso e quantificate le vostre passività.
- SEGRETO n. 3: individuate i vostri debiti tollerabili: mutuo, prestito, debito verso familiari, debiti da investimenti.
- SEGRETO n. 4: individuate i vostri debiti cattivi: superamento del tetto massimo del fido, scoperto di carta, contratti con usurai.

Capitolo 2:
Come impostare un buon obiettivo finanziario

Nel capitolo precedente abbiamo definito il punto di partenza, ovvero la vostra situazione finanziaria. A questo punto dobbiamo trovare il punto di arrivo e il percorso da seguire per risanare le vostre finanze. Vi sarete domandati come sia possibile, in un periodo di crisi come questo, non avere debiti. Tutti hanno debiti, c'è chi ha il mutuo sulla casa, chi ha dei leasing per pagare l'auto e chi ha un fido con cui paga bollette e tasse perché ha troppe spese.

Al giorno d'oggi tutti hanno debiti. Molte persone mi dicono: «Ah, se potessi tornare agli anni '80-'90 quando le tasse non erano così alte e c'era la Lira! Erano davvero altri tempi!» Molte persone caldeggiano ancora l'idea di vivere come vent'anni fa, quando si spendeva senza troppi problemi, e vivono con la mente immersa in un costante passato. Oggi molte famiglie non arrivano a fine mese, nei centri della Caritas, a chiedere pasti caldi, si trovano molti laureati ed ex-benestanti, senza dimenticare che il vecchio ceto medio è sempre più povero e sopravvive a stento.

Scrivendo questo libro voglio darvi delle indicazioni per aiutarvi a risparmiare. Ma , per fare ciò, ognuno di noi deve credere in sé stesso ed essere convinto che da questa situazione precaria uscirà vincente. Solo con i sacrifici si può arrivare al risultato. È importante, a questo punto, definire una direzione e comprendere quali mosse è necessario fare per giungere al risultato.

Come in una partita a scacchi prima si posizionano le pedine e poi si stabilisce una strategia per arrivare all'obiettivo dello scacco matto, così i mezzi che abbiamo a disposizione devono essere oculatamente impiegati per arrivare al traguardo. Ebbene, come deve essere strutturato l'obiettivo? Non basta certo dire "non voglio più il debito" con la consapevolezza che terminerà nel 2050! Per definire un obiettivo finanziario vincente ci sono delle prerogative da tenere in considerazione. Vediamole.

1. Deve essere specifico, definito e misurabile
Dire «Voglio andare in vacanza» o «Non voglio avere più il conto

corrente in rosso» non è sufficiente. Sono frasi troppo generiche e astratte e non permettono al nostro cervello di definire un obiettivo. Se invece dicessimo «Voglio andare in vacanza in primavera, in un hotel a 5 stelle, nell'atollo Ari delle isole Maldive» sarebbe un obiettivo estremamente preciso. Un buon obiettivo finanziario potrebbe essere «Voglio estinguere lo scoperto di conto di 1.600 euro presso la banca X, pagando ogni mese 200 euro per i prossimi 8 mesi».

Come potete vedere, entrambi gli esempi rispondono alle stesse domande. *Dove?* Nell'atollo di Ari alle Maldive / presso la banca X. *Quando?* In primavera / ogni mese. *Come?* Nel massimo relax, in hotel a 5 stelle / tenendo da parte mensilmente 200 euro per 8 mesi. Il cervello focalizza in modo dettagliato la sua meta. Questo è il primo problema che impedisce a molte persone di raggiungere ciò che desiderano, perciò, quando vi ponete un obiettivo, siate precisi! Cosa volete fare, essere o avere in modo specifico? Come? Quando? Per quanto tempo? Dove? Con chi? Rendete il vostro obiettivo *misurabile* in modo da avere un riferimento dei vostri progressi e di quanto manca per raggiungere la meta.

2. Deve avere una scadenza

Quando abbiamo delle scadenze, ci attiviamo in maniera diversa rispetto a quando non ne abbiamo. L'approssimarsi della data prefissata crea pressione e finisce per stabilire una direzione. Senza una scadenza potremmo cadere nel "prima o poi lo farò". Un modo chiaro per definire le nostre priorità senza perderci è prefiggersi degli obiettivi a *breve*, *medio* e *lungo temine*. Fate una timeline, da oggi a un anno, con i vostri obiettivi e scadenze, o semplicemente con i vostri sogni (realizzabili). Poi fatene un'altra a medio termine, cioè cosa farete nei prossimi 3 anni e, infine, a lungo termine, cioè fino a 5 anni. Questa è la rotta che dovete seguire!

3. Deve essere espresso in positivo

Scacciate via i pensieri negativi e pensate positivo. Un esempio? Invece di pensare «Non voglio più pesare novanta chili», pensate «Voglio pesare settantasette chili». La nostra mente non riconosce la parola "non", quindi ogni frase che contiene la negazione viene acquisita in positivo. Ad esempio, se dite «Non voglio prendere un brutto voto in matematica» è proprio quello che accadrà. Se invece dite «Voglio prendere nove in matematica», il risultato

27

propenderà verso il nove. Perciò influenzate la vostra mente al positivo!

4. Deve essere fattibile

Molte persone si pongono obiettivi talmente ambiziosi da essere irrealizzabili. Se il mio obiettivo fosse accumulare 1 milione di euro in un mese, e guadagnassi 1.000 euro al mese, in pratica sarebbe impossibile da realizzare. Siamo onesti e realistici con noi stessi, il nostro subconscio sa se stiamo mentendo e, in quel caso, la nostra mente se ne accorge e fa il possibile per sabotarci. La fattibilità dei nostri obiettivi vale sia per i risparmi, sia per i debiti e il loro piano di recupero.

5. Deve essere motivante

Per essere motivante, un obiettivo deve trasmetterci emozioni, belle nel caso di un successo, brutte nel caso di un fallimento. Deve avere uno scopo che vada al di là della sua stessa sostanza, per il quale valga davvero la pena dedicarsi anima e corpo. Deve darvi emozioni buone, la mente ne deve essere appagata in positivo. Se il vostro obiettivo è troppo distante da voi, fate piccoli passi per non rimanere dispiaciuti, cosa che potrebbe portarvi all'abbandono dell'obiettivo. Stabilite di volta in volta piccoli obiettivi, in modo da rimanere sempre appagati dal loro raggiungimento: «L'elefante si mangia a fette», come dice un proverbio africano.

6. Deve essere espresso in forma scritta

Verba volant scripta manent, dicevano i latini. Mettete i vostri obiettivi, i vostri desideri, i vostri debiti per iscritto. Metterli su carta dà la consapevolezza che ci sono, che sono reali e che sono lì, davanti a noi. Inoltre permette di stabilire priorità e scadenze, di verificare eventuali conflitti tra attività connesse con il proprio obiettivo e di controllarne lo sviluppo.

Un metodo che utilizzo sempre, è quello delle Mappe Mentali di Tony Buzan. Non sapete cosa sono? Ve lo spiego in breve. Si tratta di un sistema grafico a raggiera, che può essere utilizzato per diversi scopi come, ad esempio, rappresentare obiettivi e scadenze al fine di organizzarli, oppure sintetizzare una serie di concetti in vista di un esame e così via. Vi consiglio caldamente di fare tre mappe, una per gli obiettivi a breve termine (ovvero entro l'anno in corso) una per gli obiettivi a medio termine (ovvero entro 3 anni) e, infine, una terza per gli obiettivi finanziari entro i 5 anni.

Prendendo il caso di una mappa a breve termine, per rientrare di un prestito e/o programmare corsi, viaggi e quant'altro si voglia, prendiamo un foglio di carta e, al centro, mettiamo il nostro anno per definire il tempo che richiederanno i nostri obiettivi (non impossibili). Da quello partiranno dei rami che dovranno andare sempre verso l'esterno, e mai verso l'interno, per dare una gerarchia degli eventi.

Gli obiettivi che segnerete più vicini al centro, saranno quelli principali e i più generici. Da essi partiranno dei sotto-rami per definire gli ulteriori passi che dovrete affrontare per arrivare all'obiettivo principale che, a loro volta, potranno essere ramificati. Il numero di rami che potete aggiungere non ha un limite, quindi potete implementarli in base alle vostre necessità. Assicuratevi che, procedendo dal centro verso l'esterno, il vostro obiettivo diventi via via più specifico. Utilizzate un colore diverso per ogni ramo, così potrete identificarne a colpo d'occhio la categoria, e aggiungete disegni, immagini e tutto ciò che la fantasia vi suggerisce, in modo da avere una comprensione istantanea della mappa, che deve essere bella per voi, ma soprattutto deve parlare al vostro inconscio. Le immagini sono dette "visual" e vanno inserite sopra i rami principali. Devono evocare il concetto della parola a cui si riferiscono o il suo suono fonetico. Ad esempio, se devo scrivere la parola "conto corrente" potrei pensare di fare un visual di uno scontrino o di una calcolatrice che fa i conti in mano ad un uomo che corre, ossia il "corrente". Non importa che l'immagine sia realistica, ma che evochi nella vostra mente la parola. Il disegno può essere anche stilizzato e non dovete essere necessariamente bravi a disegnare per realizzarlo. Ad ogni modo, potete utilizzare anche un software per realizzare la mappa con i visual, il più famoso dei quali è iMindMap 10. Il computer consente di copiare le immagini trovate dal motore di ricerca ed essere più veloci nel processo.

Inoltre i rami della mappa devono essere curvi, affinchè questa ultima parli in maniera diretta e non lineare alla vostra mente. La lettura della mappa deve svolgersi come la lettura di un orologio: in senso orario.

È consigliabile scrivere una o due parole per ramo e possibilmente in stampatello, di modo che siano sempre facilmente leggibili. Ecco un esempio di base di una Mappa Mentale:

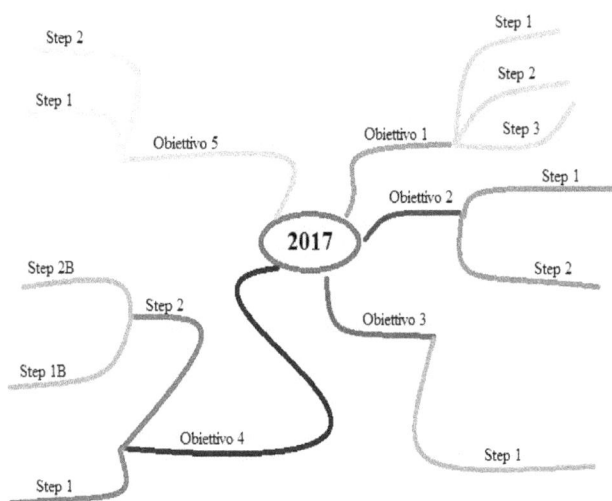

Una volta terminata, attaccate la mappa dove potete vederla ogni giorno, in modo da avere sempre davanti agli occhi tutti gli obiettivi. La vostra mente li acquisirà in modo inconscio e focalizzerà automaticamente la meta. Vedrete che così sarete più determinati a portare a termine i vostri propositi.

Mano a mano che raggiungete i vostri obiettivi, con un pennarello rosso cancellateli facendoci una bella croce rossa sopra. Vedrete che, mano a mano che li eliminerete dalla mappa, la vostra soddisfazione crescerà a dismisura. Magari per la fine dell'anno qualche obiettivo non sarete riusciti a concluderlo, ma non disperate, perché sono certa che gran parte della vostra mappa sarete riusciti a portarla a termine, e di questo dovete solo congratularvi con voi stessi! Il fatto di vedere la mappa ogni giorno vi porterà a concluderla molto prima di quanto avreste fatto senza un piano ben organizzato.

7. Non deve essere in contrasto con i vostri valori

È importante evitare il conflitto con i propri valori, pertanto dovete allineare l'obiettivo a ciò che ha rilevanza per voi. Ad esempio, se il vostro obiettivo è avere più soldi e vi propongono di partecipare a una rapina in banca, se siete persone oneste non potrete mai accettare, anche se farlo vi permetterebbe di raggiungere l'obiettivo più velocemente. Seguite i vostri valori, quello in cui credete e vedrete che sarete armonici nel muovervi verso l'obiettivo.

8. Deve essere immaginabile

Albert Einstein diceva: «L'immaginazione è più importante della conoscenza». Se la nostra mente definisce in maniera chiara e precisa il suo obiettivo, sarà più determinata e meglio indirizzata al suo raggiungimento. E, come abbiamo visto, le Mappe Mentali vi aiutano proprio in questo, a tenere sempre davanti agli occhi i vostri obiettivi (meglio ancora se li arricchite di vivide immagini).

9. Deve essere condivisibile con gli altri

È importante condividere i propri obiettivi con persone che hanno i nostri stessi valori; aiuta a confrontarsi e ad allargare le proprie prospettive. Ovviamente non condivideteli con persone che non riescono a comprendere il vostro obiettivo, perché saranno solo di intralcio al vostro cammino, e parlo per esperienza personale.

Al riguardo, possiamo dire che si distinguono due tipi di persone. Il primo tipo condivide ogni cosa con tutti, in modo da costringersi a camminare verso l'obiettivo prefissato e da costringersi a non poter più tornare indietro se non perdendo la credibilità. Il secondo è formato da quelle persone che tengono tutto per sé, che non rivelano nulla fino al raggiungimento dell'obiettivo, così da stupire chi le circonda a fatto compiuto. Sta a voi decidere quale strategia fa al caso vostro.

10. Deve essere suddivisibile in sotto-obiettivi intermedi

Tanto più un obiettivo è impegnativo, tanto più si deve suddividerlo in sotto-obiettivi. Il Giro d'Italia non può essere svolto tutto in una volta, quindi è frammentato in più tappe, e così dovremmo fare noi con i nostri obiettivi finanziari. Diventerà più facile monitorare il lavoro svolto e il tempo che manca al raggiungimento della meta. La funzione dei sotto-obiettivi è proprio quella di dare una direzione più specifica alla vostra vita. Anche in questo caso, le Mappe Mentali aiutano a non smarrirsi tra gli obiettivi e ad individuare la strategia per raggiungerli.

È molto importante che abbiate chiaro il percorso da intraprendere e quali difficoltà incontrerete. Concludendo, non lasciatevi sopraffare dalle difficoltà, niente è facile, il vostro obiettivo è tutto. Ricordate che nella vita le cose non si svolgono da sole e quindi il fattore "Muoviti!" è importantissimo.

RIEPILOGO DEL CAPITOLO 2:

- SEGRETO n. 1: l'obiettivo finanziario deve essere specifico, definito e misurabile.

- SEGRETO n. 2: l'obiettivo finanziario deve avere una scadenza a breve, medio e lungo termine.

- SEGRETO n. 3: l'obiettivo finanziario deve essere espresso in positivo.

- SEGRETO n. 4: l'obiettivo finanziario deve essere fattibile.

- SEGRETO n. 5: l'obiettivo finanziario deve essere motivante.

- SEGRETO n. 6: l'obiettivo finanziario deve essere espresso con Mappe Mentali.

- SEGRETO n. 7: l'obiettivo finanziario non deve essere in contrasto con i propri valori.

- SEGRETO n. 8: l'obiettivo finanziario deve essere immaginabile.

- SEGRETO n. 9: l'obiettivo finanziario deve essere condivisibile con gli altri.

- SEGRETO n. 10: l'obiettivo finanziario deve essere suddivisibile in sotto-obiettivi.

Capitolo 3:
Come fare un budget di spesa

Darsi un budget vuol dire comprendere chiaramente quanti soldi possono essere utilizzati per ogni voce di spesa, in base alle proprie entrate, obiettivi e priorità. Avere un budget non vuol dire *non* soddisfare le proprie esigenze, bensì soddisfarle tutte, ma con un ordine che eviti future situazioni "scomode" o difficili e faccia, in definitiva, risparmiare più soldi.

L'obiettivo principale di questo capitolo è farvi riottenere il controllo delle vostre finanze e rendervi consci di quanto potete spendere per ogni voce di costo. Il controllo dei soldi parte dal darsi un budget. Se avrete dei budget ben costruiti, non ci sarà imprevisto o bolletta che potranno mettervi in crisi. Sarete voi a guidare i movimenti dei vostri soldi.

Per praticità, dividerò le fasi da compiere in modo da consentirvi di seguire tutti i passaggi. Vi farò contare i soldi previsti sia mensilmente sia annualmente, in modo che, nella revisione di fine mese e di fine anno, possiate verificare di aver rispettato il budget.

Fase 1: calcolate le vostre entrate mensili nette

Sapere di quanti soldi netti disponete ogni mese vi consente di porre le basi per un buon budget. Nella voce "entrate", includete:

- stipendi;
- affitti di immobili;
- royalties;
- mance in media ricevute al mese;
- entrate di precedenti investimenti.

Calcolate le entrate mensili, moltiplicate per 12 (e, se siete dipendenti, aggiungete tredicesima e quattordicesima) e sommatele a tutte le altre entrate annuali che ricevete. Se siete lavoratori in proprio con entrate non costanti, il modo più corretto di procedere per calcolare le entrate sarà un po' diverso. Voi dovete risparmiare nei mesi in cui guadagnate di più per quelli in cui guadagnate di meno, in modo da darvi una sorta di stipendio mensile costante. Per questo motivo, fate la somma di tutte le entrate nette complessive dell'anno precedente e dividetele per

12: sarà lo stipendio mensile che vi attribuirete ogni mese. Adesso scrivete sulla vostra mappa, o agenda, il budget di entrata mensile e annuale. E' ovvio che un lavoratore autonomo non possa prevedere al centesimo le sue entrate, ma il fatto di attribuirsi uno stipendio mensile gli consentirà nei mesi di minor guadagno di avere i soldi accantonati per far fronte alle spese.

Fase 2: tenete conto delle somme mensili che usciranno per coprire i debiti

Ciò che mi ha spinto a dedicarmi, nel capitolo 1, ai debiti e al loro piano di rientro è stata la volontà di accertarmi che ciascuno potesse conoscere esattamente quanto versare ogni mese per coprirli, su quali debiti focalizzarsi prima e capire se alcuni contratti di mutuo o prestito siano passibili di dilazione o rottamazione.

Sommate tutte le vostre rate fisse mensili e aggiungetevi un ammontare extra fisso, che varierà in base alla vostra condizione finanziaria e al vostro reddito, per saldare prima i debiti cattivi più costosi e poi tutti gli altri. Moltiplicate la rata mensile e l'extra da voi stabilito per 12 e otterrete le vostre uscite, su base annua, per saldare i debiti. Riportate ora il budget di spesa per i debiti mensili e annuali sulla vostra agenda o mappa.

Fase 3: bollette e altri costi fissi

1. Le bollette

Le bollette non hanno un andamento costante durante l'anno: vi sono mesi in cui sono più alte (inverno) e mesi in cui sono più basse (estate). Per fare un budget preciso di spesa, vorrei che prendeste tutte le bollette dell'anno precedente di:

- acqua;
- luce;
- gas;
- telefono;
- condominio;
- costi servizi di pulizia;
- altro.

Ora, fate la somma del totale annuale per ogni categoria, poi sommate il tutto, aggiungete il 10% e avrete il budget annuale. Poi dividete la cifra per 12 per ottenere il vostro budget mensile per le bollette. Spesso da questo conteggio, se la cifra risultante è troppo alta, ci si rende conto che bisogna cambiare o migliorare le tariffe di qualche contratto.

Il budget mensile per le bollette deve essere accantonato ogni mese, a prescindere dall'ammontare delle bollette in quello specifico periodo e dal fatto che arrivino puntuali o in ritardo. Potete mettere ogni mese da parte i contanti in una busta dedicata, oppure versare su una carta prepagata, o su un conto dedicato, i soldi per le spese vive di casa. L'importante è che i soldi in apparente avanzo non vengano toccati, né si mischino con quelli di altri conti correnti con cui effettuate regolarmente delle spese.

Accumulerete così i soldi per i mesi in cui la bolletta sarà più alta senza sofferenze sul portafoglio, dal quale sarà prelevata sempre la stessa cifra. Questo è fondamentale perché, se un mese la bolletta risulta particolarmente bassa, spesso la compagnia vi riversa l'eccedenza o quanto erroneamente non computato in precedenza sulla bolletta successiva. Ricordatevi di fornire sempre le letture dei contatori alle compagnie, onde evitare conguagli con cifre bizzarre. L'ideale sarebbe una volta al mese, al massimo ogni due mesi.

2. Spesa alimentare e detersivi

È una categoria molto soggettiva, perché varia in base al numero dei componenti della famiglia e in base alle abitudini di ognuno. Anche in questo caso, consiglio di fare una stima di quanto si spende in un mese per gli articoli di questa categoria; moltiplicate poi la cifra per 12, per avere anche il computo annuale, e annotatela puntualmente sulla vostra agenda o mappa.

3. Rifornimento e manutenzione dell'auto

Fate un conto della benzina mensile media consumata dal vostro intero nucleo familiare e moltiplicatelo per 12. A questo punto, sommate la manutenzione annuale di cui necessitano tutte le auto di famiglia e i relativi bollo e assicurazione delle vetture. Dividete l'ammontare totale per 12 e otterrete il costo effettivo mensile delle vostre auto, al netto degli imprevisti (che computeremo a parte). Segnate tutto nella vostra agenda o mappa.

4. Spese mediche

A meno che non ci siano spese mediche fisse di cui tenere conto, le spese mediche extra verranno imputate agli imprevisti. Se ci fossero, calcolate il costo del budget mensile e annuale delle cure e riportatelo nell'agenda o mappa.

Fase 4: decidi quanto vuoi risparmiare mensilmente

Fai un conto rispettivamente delle entrate e delle uscite mensili complessive. Calcolata la differenza, bisogna decidere quanto investire nel proprio *fondo di risparmio*. Stabilita una cifra X, si distribuiscono i rimanenti soldi delle entrate mensili fra le seguenti voci:

1) vestiti e altro;
2) divertimento, cinema, libri, teatro;
3) fondo imprevisti ed emergenze;
4) accantonamento per spese extra desiderabili (es. vacanza).

Com'è ovvio, la ripartizione delle diverse voci dipende sempre dallo stile di vita: c'è chi preferisce una vita mondana attiva investendo meno in un fondo di risparmio e chi fa esattamente l'opposto. Trovate il vostro equilibrio ottimale, ma ricordatevi che risparmiare vi metterà al riparo da eventuali crisi future e potrà procurarvi un gruzzoletto che potrete decidere di investire. E' proprio per questo motivo che vi suggerisco di decidere prima quanto accantonare per i risparmi, ossia per voi stessi e i vostri sogni e, solo con ciò che rimane dalla differenza con le altre spese, spendere i soldi rimanenti in beni secondari.

Nel computo delle entrate e delle uscite, potreste trovarvi in una delle seguenti situazioni:

1. Pareggio: dovete innanzitutto abbattere di molto le spese fisse, risparmiare al massimo sulla spesa alimentare e sui detersivi e aumentare le vostre entrate.

2. Deficit: vi state indebitando e, se non cambierete qualche parametro, continuerete a indebitarvi sempre di più.

Spalmare le spese in maniera equa su base mensile aiuta a vedere le cose come sono, perché magari prima, senza questo computo, poteva sembrare che lo stipendio alcuni mesi bastasse e altri no, perché talvolta le spese erano troppe o arrivavano tutte insieme. Spalmandole si può invece notare quanto prima si sopravvivesse grazie alle carte di credito e agli scoperti di conto. Ciò evidenzia che il vostro budget di spesa non è adeguato alle vostre entrate e che dovete pertanto intervenire su tutti i fronti.

Per quanto concerne l'ambito dell'ottimizzazione delle spese, approfondirò l'argomento nel capitolo 5. Ma quello che è inevitabile è aumentare le entrate. So che avete poco tempo, che avete già i figli e il lavoro, ma bisogna guardare in faccia la realtà. Quali lavoretti si possono fare per far entrare qualche soldo extra?

Alcune opzioni potrebbero essere:

- Cercare un secondo lavoro durante il weekend o di notte, purché non entri in conflitto con l'orario lavorativo principale, e soprattutto con la legge.
- Lavorare per accumulare extra nei giorni feriali o festivi.
- Qualificarsi con altri certificati al fine di trovare un altro lavoro più redditizio.
- Fare lavoretti, anche umili, nei ritagli di tempo (ad esempio babysitter, volantinaggio, dog sitter, giardinaggio).
- Lavorare come freelancer quando non si è in ufficio.
- Dare ripetizioni.
- Vendere consulenze.
- Dedicarsi al Network Marketing.

Lo so che all'inizio sarà molto stancante, però, mano a mano che imparerete a risparmiare di più, e sanerete qualche debito, sarete più bravi a rispettare il budget e potrete "rallentare" e riposarvi un po' di più. Adesso però bisogna incominciare a salvare le vostre finanze e serve tutta la vostra attenzione e dedizione per raggiungere l'obiettivo. Quando la vostra situazione finanziaria sarà migliorata, capirete che ne è valsa la pena!

Dopo aver fatto un po' di conti e stabilito i budget mensili per ogni categoria di spesa, dobbiamo pensare a come registrare effettivamente tutto ciò che entra ed esce dal nostro portafoglio e dai conti bancari, senza perdere un centesimo e senza complessi metodi di contabilizzazione. Registrare le entrate e le uscite deve essere semplice, altrimenti rischiamo di stancarci e di abbandonare questa routine.

Il mio più grande augurio è che contrassegnare i flussi di cassa diventi per voi un'abitudine. Come fare? Studi scientifici hanno rivelato che, per instaurare un'abitudine, servono dai 21 ai 30 giorni consecutivi in cui si esegue l'azione che si vuole implementare o automatizzare. Perciò vi chiedo di provare il metodo per 30 giorni consecutivi con il massimo impegno, così da implementare questa buona abitudine, che è davvero d'aiuto all'intero nucleo familiare.

Come fare a segnare tutto mano a mano che spendiamo? Ho realizzato una tabella davvero elementare, che potete trovare sul link evidenziato nel capitolo 1. Potete stamparla e posizionarla in un luogo di passaggio della casa, comodo per la compilazione, come può essere il frigo in cucina. Questo foglio è stato pensato per chi, come me, non ha sempre il computer a portata di mano e quindi preferisce compilare a mano. Nulla vieta però ai tecnologici di appuntare tutto sul loro smartphone.

Mese :			
Data	Descrizione	Entrata	Uscita

Quando siete fuori e spendete dei soldi, basta che conserviate lo scontrino e, una volta a casa, annotiate la spesa con data, descrizione e prezzo di entrata o uscita. Questo foglio è solo provvisorio, serve unicamente come *memorandum* delle spese effettuate da tutta la famiglia. Come ho specificato nell'introduzione, alla contabilità devono partecipare tutti. Il fatto di posizionare il foglio in un luogo di passaggio, consente a chiunque di integrare i dati. Se, per esempio, qualcuno dimentica di annotare qualche spesa, qualcun altro può ricordarlo e farlo al posto suo. L'importante è che non sfugga niente. Ricordatevi di segnarvi tutto, dalla colazione al bar, ai 10 euro trovati per terra: *dovete diventare i commercialisti di voi stessi.*

A fine mese, quando vi è più comodo, prendete il foglio, o i fogli, e inserite i dati nel foglio Excel annuale da me realizzato: questo file contiene tanti fogli quanti sono i mesi, più un foglio di ricapitolazione annuale. È già programmato per svolgere tutte le somme e le sottrazioni dei vostri pagamenti.

Se compilate diligentemente i dati mese per mese, vi restituirà da solo il saldo annuale, con entrate, uscite e cashflow per ogni mese dell'anno, con il totale. Il file è scaricabile dal medesimo link inserito nel capitolo 1.

Questa è la prima parte delle prime colonne di categoria del mese:

Categoria Uscite		1	2	3
Casa	Energia elettrica			
	Gas			
	Acqua			
	Tel / Cell.			
	Manutenzione			
	Detersivi			
	Spesa			
	Extra			
	Condominio			
	inserisci il tuo			
Veicoli	Bollo e Revisione			
	Carburanti			
	Assicurazione			
	Extra			
	Manutenzione			
	inserisci il tuo			
	inserisci il tuo			
Salute e Fitness	Palestra			
	Visite med. E Interventi			
	Medicine			
	Assicurazioni			
	inserisci il tuo			
	inserisci il tuo			
Animali	Alimenti			
	Cure Mediche			
	Extra			
Svago	Vacanze Volo e Pernottamento			
	Hobbies			
	Divertimenti			
	Ristorazione			
	Giochi			
	Cinema / Teatro			
	inserisci il tuo			
	inserisci il tuo			

Come si può vedere, le spese sono state divise per categoria, e a ogni categoria è stato attribuito un colore (che rimane lo stesso anche sul grafico a torta sul margine destro del foglio Excel). Per ogni categoria, a sinistra, sono state specificate nel dettaglio le varie sottocategorie. Le colonne successive indicano i giorni del mese fino ad arrivare al giorno 31.

La tabella terminerà con i totali parziali di ogni riga in modo tale da avere il totale per quella specifica spesa. Come in una battaglia navale, dovete inserire nelle celle vuote le spese che avevate annotato sul foglio di carta mensile e riportarle nelle loro rispettive categorie.

Se avete spese o entrate a cui non ho pensato, ho lasciato una riga con scritto "inserisci il tuo", cambiatelo e salvate! Ricordate, il foglio di calcolo è automatizzato per svolgere le somme di tutti i vostri dati, quindi se inserite nuove righe con nuove voci, sarete costretti a modificare anche tutte le operazioni interne. Di seguito potete vedere lo screenshot della seconda metà della tabella:

Cura della Persona	Accessori			
	Trucchi			
	Abbigliamento			
	Estetista /Parrucchiere			
	inserisci il tuo			
	inserisci il tuo			
Cultura e Formazione	Scuola/ Università rate			
	Corsi di Formazione			
	Libri			
	Materiale Extra			
	inserisci il tuo			
	inserisci il tuo			
Finanze Negative	Mantenimento CC (banca)			
	Mutuo / Prestito (rata)			
	Imu / Tasi			
	Commercialista			
	Accantonamento Tasse			
	Beneficenza			
	inserisci il tuo			
Entrate	Fondo Accantonamento			
	Stpendi			
	Fondo Risparmi			
	Affitto Immobili			
	Vendita di ...			
	Altro			

Proseguendo verso il margine destro del foglio di calcolo mensile, ho inserito, per avere una visione completa del mese, un grafico a torta riferito ai totali di categoria riportati sotto allo stesso.

Totale Entrate	0

Totale Uscite	720

Risparmio Mensile	-720

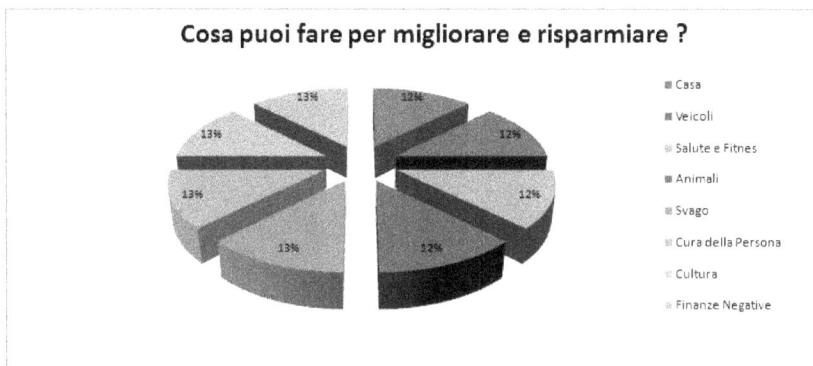

Cosa puoi fare per migliorare e risparmiare ?

- Casa
- Veicoli
- Salute e Fitnes
- Animali
- Svago
- Cura della Persona
- Cultura
- Finanze Negative

Totali di Categoria	
Casa	90
Veicoli	90
Salute e fitnes	90
Animali	90
Svago	90
Cura della Persona	90
Cultura e Formazione	90
Finanze Passive	90

Ho aggiunto anche, in evidenza, il totale di quanto avete guadagnato, di quanto avete speso e di quanto avete risparmiato durante il mese.

Concludendo, una volta terminato l'anno, avete un foglio di

riepilogo dell'intero anno, con una tabella comprendente i totali dei 12 mesi e con un grafico dell'andamento complessivo.

	Gennaio	Febbraio	Marzo	Aprile	Maggio	Giugno	Luglio	Agosto	Settembre	Ottobre	Novembre	Dicembre	Totali
Entrate	1200	1400	600	900	1200	1000	1400	1500	1000	900	1300	1200	13600
Uscite	720	560	420	720	560	400	720	640	720	400	560	720	7140
Cashflow	480	840	180	180	640	600	680	860	280	500	740	480	6460

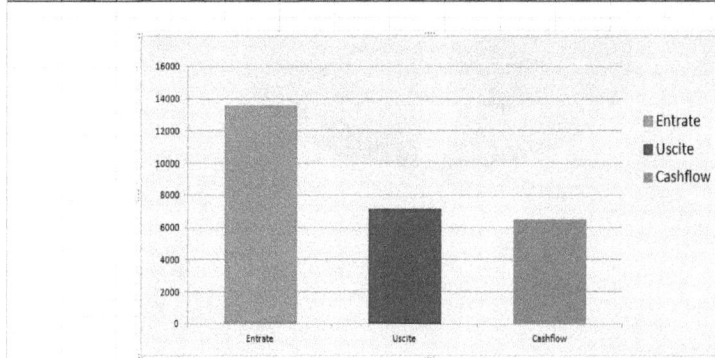

Bene, ora avete un quadro davvero completo da analizzare. Quando sarete giunti a fine mese, domandatevi cosa potete migliorare nelle vostre spese. Ad esempio, la spesa per la ristorazione è troppo alta? Pranzate troppo spesso fuori per via del lavoro? Iniziate a prepararvi il pranzo a casa da portare via. Oppure le spese complessive delle auto sono alte? Iniziate dall'assicurazione, cercatene una che abbia le coperture di cui avete bisogno e scegliete quella al prezzo più basso, oppure rivedete la vostra polizza. Ad esempio, nel caso abbiate un'utilitaria di dieci anni, che è un'auto molto comune, e magari è già rovinata, è pressoché inutile avere la copertura furto/incendio o atti vandalici.

La stessa cosa vale per le utenze di casa: fate una ricerca su quali sono le compagnie che fisicamente vi portano l'utenza, perché a volte hanno delle agevolazioni essendo loro i fornitori primari e non essendo invece fornitori appaltati. Sfruttate la concorrenza con tutti, anche con le compagnie telefoniche: se il vostro piano tariffario è uguale a quello di un altro operatore, ma avete dei costi un po' più alti, contattate la vostra compagnia per farvi avere delle promozioni, altrimenti cambierete operatore. Sicuramente non vi modificheranno il contratto, ma qualche agevolazione periodica, come minuti gratis o gigabyte di traffico Internet, è facile che ve la concedano, pur di non perdere il cliente.

Comprendo che quanto vi sto proponendo è molto laborioso e prevede che ci siano tante cose da fare, soprattutto all'inizio. Molto del vostro tempo dovrete impiegarlo a studiare, riorganizzare e ottimizzare, ma il tempo che dedicherete a queste attività sarà ripagato con il denaro che risparmierete. Non demotivatevi e andate avanti un passo per volta fino a organizzarvi in maniera autonoma.

Anch'io all'inizio ho faticato molto, perché mi perdevo nel trovare nuove soluzioni per arrivare a fine mese, ma alla fine ho trovato il mio modo di organizzarmi e di ottimizzare ciò che avevo. Questo libro propone molte cose da fare, e il segreto è farne una per volta; portata a termine una, passate alla successiva.

Magari ci vorrà del tempo e i risultati non si vedranno nell'immediato, ma arrivati alla fine dell'anno li vedrete sicuramente. È importantissimo, non dimenticatelo, che cooperino tutti i membri della famiglia, dai ragazzi agli adulti, perché tutti posso contribuire al buon funzionamento delle finanze e dell'organizzazione della casa. In fondo l'uomo è nato per vivere in branco, non in solitario, quindi la cooperazione con i membri dello stesso nucleo rende più forti ed efficienti.

RIEPILOGO DEL CAPITOLO 3:

- SEGRETO n. 1: calcolate le vostre entrate mensili nette.
- SEGRETO n. 2: tenete conto dei soldi mensili che usciranno per coprire i debiti.
- SEGRETO n. 3: migliorate i costi fissi delle vostre spese: bollette, alimenti e detersivi, spese mediche, veicoli.
- SEGRETO n. 4: decidete quanto risparmiare mensilmente.
- SEGRETO n. 5: compilate diligentemente le tabelle contabili e vedete quali sono le aree di miglioramento e come ottimizzare il budget.

Capitolo 4:
L'importanza di pagare prima te stesso

Sono sempre meno le persone che riescono a risparmiare, e questo accade proprio perché, mediamente, si gestisce male il proprio budget o si eccede nelle spese, così che non rimane nulla da investire. Sarebbe buona norma abituarsi a pagare prima sé stessi, ovvero a versare a inizio mese, appena si riceve lo stipendio, i soldi da risparmiare in un fondo finanziario dedicato. È necessario stabilire una cifra fissa ogni mese, non eccessiva, ma che sapete di poter accantonare con tranquillità. Questa cifra può andare da qualche euro in su, in base alle proprie disponibilità. La cosa veramente fondamentale è farlo sempre e prima di ogni altra spesa, anche del pagamento delle bollette.

Pagare sé stessi vuol dire disciplinarsi nel gestire i soldi e volersi godere la vita in vecchiaia. Stiamo ormai superando l'epoca in cui lo stato garantiva una pensione ai suoi cittadini, e stiamo invece affrontandone una in cui, se i cittadini vedranno una pensione, questa comunque non sarà sufficiente a preservare il loro stile di vita. Bisogna perciò trovare il modo di "integrarla" con altre fonti di reddito per poter vivere più serenamente.

Sapevate che con un risparmio ben programmato si può diventare milionari? Ovviamente non è la maniera più veloce ed efficace per diventarlo, ma di certo è una buona abitudine che costerebbe solo la rinuncia a qualche caffè al bar o ad acquistare il quotidiano. Se ogni genitore lo facesse per il proprio figlio, non ci sarebbe già più il problema della pensione in vecchiaia! Questo al di là della pensione che riceverete o delle altre imprese che avete o farete. È solo una garanzia lenta e sicura, un "salvagente" che ciascuno dovrebbe pianificare per sé. Ma in quanti lo fanno? Davvero in pochi, eppure non è un'impresa difficile!

Per riuscire nell'intento, bisogna porre attenzione ad alcuni fattori:
1. Costanza nel versare: è la disciplina che può fare la differenza tra un futuro mediocre e uno roseo.
2. Versare una cifra idonea: l'ideale è il 10% del proprio stipendio ma, se avete dei debiti "cattivi", conviene versare il 5% dello stipendio fino a quando non saranno estinti.

3. Investire in fondi con tasso di interesse da percepire intorno al 10% o superiore. Questo vuol dire non in fondi pensione o di risparmio già preconfezionati dalla banca.

4. Iniziate da oggi: ritardare gli investimenti vi costerà caro. Infatti, ogni giorno di ritardo, nei vostri risparmi significa decine di centinaia di euro future che se ne vanno. Quindi è sempre meglio iniziare con molto poco, ma iniziare subito! La procrastinazione è nemica del denaro.

5. Per decidere dove investire, bisogna capire prima alcuni concetti fondamentali:

- *interessi semplici*: sono interessi che si applicano solo al capitale originariamente investito.

- *interessi composti*: sono interessi che si applicano sia al capitale originario sia agli interessi maturati.

Sono assolutamente da evitare i primi, perché sono i fondi che danno gli interessi più bassi. Ricordate: i soldi di domani varranno meno di quelli di oggi. I soldi a cui avete rinunciato oggi devono essere pagati in maniera adeguata, altrimenti la vostra rinuncia non diventerà mai un bel gruzzolo.

I fondi pensione hanno tutti tassi di interesse semplici, sicuri e poco remunerativi. È altresì noto che, in Italia, trovare un prodotto finanziario con un tasso di interesse composto è arduo. Come fare? I piani di accumulo sono, a mio avviso, uno dei modi migliori per investire i propri risparmi. È importante però selezionare quelli che non hanno costi totali annui alti (TER, Total Expense Ratio), altrimenti molti degli interessi da voi maturati saranno vanificati dalle spese eccessive.

Il piano di accumulo (PAC) non è un "prodotto finanziario", ma una modalità di investimento che consiste nel versamento mensile di una somma di denaro predefinita all'interno di uno o più prodotti finanziari o mercati. Quando lo si sottoscrive, si decide a priori la sua durata. È quindi una modalità di investimento ideale per i piccoli risparmiatori che ricevono uno stipendio e che vogliono avere, in futuro, una pensione integrativa a quella del lavoro. Basta destinare mensilmente una quota del proprio stipendio a un portafoglio di investimenti predefinito.

La scelta dei prodotti finanziari del portafoglio dipende da come viene effettuato l'asset allocation, ossia la suddivisione del capitale tra le differenti attività finanziarie. Tale allocazione rappresenta una scelta fondamentale che deve essere coerente con il proprio profilo di rischio/rendimento desiderato. Ovviamente una scelta molto "sicura" (tutti i titoli di Stato o obbligazioni) darà rendimenti bassi, perciò sarebbe meglio optare per una soluzione intermedia (una parte in azioni e una parte in obbligazioni). Un portafoglio può essere ripartito tra azioni, obbligazioni e altri prodotti finanziari, ciascuno presente in determinate percentuali.

È buona norma impostare un portafoglio il più possibile diversificato, affinché la perdita di un prodotto finanziario sia sempre compensata dalla risalita di un altro. Ipotizziamo il caso in cui la ripartizione sia la seguente: 50% azioni e 50% obbligazioni. Durante l'anno, la loro composizione può variare notevolmente, perché se le azioni guadagnassero un 10% e le obbligazioni perdessero un 10%, allora il portafoglio, a fine anno, sarebbe composto da un 55% di azioni e un 45% di obbligazioni. Ecco che diventa quindi necessario ripristinare l'originaria composizione.

Rispetto al ribilanciamento del portafoglio, esistono due differenti correnti di pensiero: la prima consiglia di intervenire a intervalli di scadenza regolari (6 mesi/1 anno); la seconda invece suggerisce di stabilire uno sbilanciamento massimo oltre il quale intervenire (10-20% di scostamento). Il secondo approccio è quello che garantisce un miglior controllo del rischio.

Una volta deciso l'asset allocation, e come ribilanciare il PAC, lo si deve seguire in modo costante, nel tempo, con interventi regolari che non devono essere modificati con i cambiamenti nell'andamento dei mercati. La domanda è: come bypassare tutti i costi che le banche cercano di accollare al risparmiatore? L'alternativa un po' più laboriosa è costruirsi un PAC da soli, utilizzando strumenti efficienti come gli ETF e i Certificates, acquistabili tramite una banca online con costi fissi e bassi. Gli ETF sono fondi quotati che hanno l'obiettivo di replicare fedelmente gli indici di borsa, con una minima spesa per il risparmiatore. Sono ottimi strumenti per chi desidera fare un investimento finanziario di lungo periodo perché, con costi limitati, permette di avere un portafoglio diversificato.

Il piano di accumulo (PAC) non può essere effettuato con prodotti (fondi) di diritto italiano, in quanto la tassazione degli utili in questo caso sarebbe fatta giornalmente e non a scadenza. Ecco perché gli ETF sono la soluzione ideale. In un piano di accumulo pluriennale, l'incidenza fiscale ha la sua rilevanza! L'orizzonte temporale di investimento ideale non dovrebbe essere inferiore ai 20 anni. Il motivo è l'ampiezza dei cicli economici. Nei primi anni del PAC si deve investire l'intero capitale nei mercati azionari (in un'ottica di 20 anni, circa i primi 10) e bisogna diversificare almeno nei 5 mercati principali: America, Europa, Giappone, Cina e Paesi Emergenti. Si deve inoltre stabilire un importo minimo da versare mensilmente.

Il versamento mensile non deve essere per forza costante, si può investire di più quando il mercato va male e di meno quando va bene, ma mai sotto la soglia minima prestabilita. Dopo un certo numero di anni (almeno 5), è necessario consolidare i rendimenti tramite delle regole fissate a priori. Esistono varie regole, in base al rischio desiderato, e ognuno deve cercarsi quelle che riflettono meglio le proprie esigenze. Ad esempio, si può reinvestire l'extra rendimento ottenuto in un determinato anno in ETF obbligazionari.

È anche necessario reinvestire sull'azionario ciò che si era consolidato nei momenti in cui il mercato era in discesa, comprando ulteriori azioni. Anche in questo caso bisogna ricercare le regole di reinvestimento sui cali più adatte. Dopo circa la metà della durata del PAC, bisogna incominciare a ridurre il peso dell'azionario, durante un ciclo positivo di borsa, riconvertendolo in ETF obbligazionari o in titoli di Stato. Altrimenti, si rischia di veder rovinata la performance del PAC negli ultimi anni di vita, nel caso di una malaugurata crisi finanziaria.

So che il tutto può sembrare un po' macchinoso, quindi consiglio a chi fosse alle prime armi, o disorientato, di rivolgersi a un personal banker o di richiedere una consulenza finanziaria a uno specialista di fiducia, specialmente se in proprio e, quindi, indipendente dalle politiche bancarie. Tuttavia, state attenti a non farvi vendere prodotti finanziari diversi e supercostosi! Un consiglio: se vi propongono qualcosa di cui non capite esattamente l'ammontare della spesa, prima di scegliere, chiedete di poter visionare le condizioni del contratto con calma. È sempre una buona cosa ponderare bene le proprie scelte finanziarie!

La cosa migliore che possiate fare è formarvi col tempo anche in questo campo, nel frattempo rivolgetevi ad un consulente di investimenti indipendente.

Il fondo imprevisti

Il fondo imprevisti è il denaro accantonato e sempre disponibile in caso di emergenza. Permette di non indebitarsi ulteriormente in caso di spese impreviste, come un guasto alla caldaia, un danno all'auto oppure una visita medica con esami costosi non preventivati. Per evitare di usare "rimedi della nonna", cioè mettere i soldi sotto il materasso, consiglio di tenere un conto bancomat o una carta prepagata a basso costo di gestione, in modo da potere, all'occorrenza, utilizzare i soldi all'istante. Ovviamente non deve essere un pretesto per fare shopping, ma solo per evitare di andare in rosso.

Questo conto corrente ha la precedenza rispetto al fondo di risparmio, in cui il denaro viene accantonato per degli investimenti, quindi l'accantonamento per i due conti non deve avvenire contemporaneamente. La precedenza va sempre al fondo imprevisti e, solo una volta raggiunto il tetto prestabilito, si può passare ad accantonare denaro per il fondo di risparmio. Il tetto da raggiungere per il fondo imprevisti deve ammontare a 6 mensilità del vostro stipendio. Attenzione, non allarmatevi, non dovete accantonare il denaro tutto insieme, ma un po' per volta, anche se ci vorranno un paio d'anni, l'importante è versare costantemente una piccola cifra di mese in mese.

Di regola, per non creare un disagio economico sullo stipendio, durante il risanamento di un debito "cattivo" consiglio di accantonare il 5% dello stipendio sul fondo imprevisti. Terminati i debiti, il versamento deve essere del 10% dello stipendio fino a quando non si raggiunge il tetto prestabilito. Ovviamente, se si fa uso del fondo imprevisti, dal mese successivo bisogna ricominciare a versare la percentuale di denaro idonea a riportarlo al tetto massimo, in modo tale da avere sempre una copertura in caso di necessità.

Riassumendo: quando inizierete ad accantonare i risparmi, questi andranno solo per il fondo imprevisti, da accumulare su una carta prepagata. Una volta raggiunte le sei mensilità dello stipendio, i risparmi vanno convogliati nel fondo risparmi. Quando si tocca il fondo imprevisti, bisogna coprirlo nuovamente.

La mia opinione sulla moneta elettronica

Viviamo in un'epoca in cui la moneta elettronica ci consente di spendere i soldi in maniera pratica, veloce, automatica e a volte inconsapevole. L'automazione dei pagamenti via carta di credito è sempre più pubblicizzata e favorita.

Sulla comodità di questi servizi non discuto, ma davvero pensate che siano stati implementati solo per aiutarvi? Che ritorno ne avrebbero le banche e le multinazionali? Quando acconsentite automaticamente al prelievo dei soldi dal vostro conto corrente per pagare qualunque cosa, a chi ne lasciate il controllo ? A dei computer. Ma come scelgono questi computer? In ordine di data e di programmazione, secondo le priorità dell'azienda. È l'ordine di priorità che dareste voi? Ovviamente no.

Prendiamo come esempio una bolletta di un'utenza domestica di cui avete disposto il pagamento automatico tramite conto corrente: sapreste accorgervi se la bolletta ha un sovrapprezzo o presenta errori? Non subito, e spesso dopo è troppo tardi per un rimborso. In questo modo le compagnie vengono sempre pagate, sia quando sono nel giusto, sia quando sono in errore, e le banche, così facendo, svolgono molte più transazioni.

Inoltre questo metodo di pagamento, apparentemente vantaggioso poiché fa risparmiare tempo, essendo automatico e non necessitando della vostra presenza, a volte crea un certo distacco psicologico nei confronti dell'atto di spendere soldi, che non vi rende coscienti della quantità di operazioni di spesa che potreste effettuare. Così facendo è molto più facile perdere il conto delle spese e, il mese successivo, la banca potrebbe prelevarvi più di quanto avevate preventivato. Questo è un problema che ha larga diffusione tra i giovani ed è per questo che suggerisco di insegnare loro come gestire i soldi. Non voglio certo dire che non dobbiate avere una carta di credito o un bancomat.

Queste carte sono indispensabili nella vita di tutti i giorni, ma vi consiglio di avere alcune accortezze.

1. Riducete al minimo il numero delle carte di credito (possibilmente a 1), al fine di evitare di regalare soldi alle

banche e di non eccedere nelle spese.

2. Tenete una carta bancomat associata al conto della vostra carta di credito e utilizzate solo quella.

3. *Non* automatizzate i pagamenti sui conti correnti, in modo tale da avere il pieno controllo del conto.

4. Tenete la vostra carta di credito sempre nel portafoglio e non usatela, a meno che non siate costretti per necessità. Spesso le carte di credito hanno un massimo di spesa che è troppo elevato in proporzione al salario del titolare.

5. Preferite l'uso del bancomat perché le vostre spese verranno contabilizzate in 24 ore e sarà impossibile andare sotto con il conto; una sicurezza in più per non ritrovarvi spese non previste che, con la carta, sono contabilizzate 30 giorni dopo.

6. Se avete difficoltà a non usare la carta di credito, lasciatela proprio a casa e portate con voi solo i contanti.

7. Utilizzate il denaro contante perché incoraggia il consumatore a vivere secondo i propri mezzi senza entrare nel circolo vizioso del debito. Per esempio, se si va a fare shopping con i contanti e si stabilisce un budget, è impossibile spendere di più perché non si hanno altri soldi con sé.

Molte persone non si rendono conto che, a livello di tassazione bancaria, andare al di sotto della propria disponibilità vuol dire pagare tanti altri soldi alla banca. Conosco persone che si trovano perennemente al di sotto del loro credito o con un prestito, o con un fido, o semplicemente con il conto in rosso, e mi hanno sempre detto: «Ma che vuoi che sia, pago una stupidaggine di tassa». Ho fatto una ricerca e, in realtà, i soldi che paghiamo alla banca sono molti e spesso per nulla chiari sugli estratti conto.

Adesso ritengo di dover aprire una parentesi sulla questione dei conti, al fine di aiutarvi a comprendere che non è oro tutto ciò che luccica! Inizierò mostrandovi le differenze tra un fido e uno scoperto "in rosso".

Il fido bancario

Il fido bancario è una forma di apertura di credito – cioè a tutti gli effetti un contratto – preventivamente deliberata dalla banca. Non ha una scadenza vera e propria, ma ne è consigliabile l'impiego quando si vuole ritornare del debito in un lasso di tempo maggiore di 30 giorni. Ha comunque un costo fisso che chiaramente dalla banca verrà calcolato in percentuale rispetto al periodo richiesto.

Ad esempio, se usufruite di un fido di 5.000 euro per un anno, e lo usate soltanto per un mese, comunque pagherete gli interessi per tutto l'anno. Il conto sarà 30 giorni d'interesse più 12 mesi di commissioni.

Ciò significa che pagherete quei soldi solo per averlo richiesto. Il Tasso Annuo Effettivo Globale (TAEG) viene addebitato trimestralmente (in media pari al 7,2%, ma dipende dall'istituto bancario), il che vuol dire che ogni tre mesi si paga, per il servizio offerto, una percentuale sull'ammontare totale del fido pattuito con la banca. Poi ci sono da aggiungere anche i costi diretti: il tasso applicato, la Commissione di Istruttoria Veloce (CIV), le spese di tenuta o chiusura del conto, le spese per le operazioni e infine, le spese per la revisione dei fidi. Come potete vedere, ci sono tante cose da considerare, e potete trovarle nel resoconto che la banca vi invia ogni 3 mesi.

Oltre ai costi diretti, la banca vi addebita anche gli interessi passivi. Nel caso in cui si superi addirittura il valore del fido di 500 euro per 7 giorni, si applica la Commissione di Istruttoria Veloce (penale di sconfino decisa dalla banca); oltre il settimo giorno si aggiungono circa 33 euro al giorno (ma dipende sempre dall'istituto bancario). Il fido è uno strumento da utilizzare a breve termine per anticipare dei soldi utili ad effettuare un investimento. Quindi, a meno che non siate esperti di investimenti, evitatelo. Perché in tanti lo utilizzano? Perché permette di andare sotto fino alla cifra pattuita con la banca senza essere segnalati alle banche dati del Credit Bureau; inoltre, non impone limiti di tempo per rientrare del debito.

Lo scoperto di conto corrente

Lo scoperto di conto corrente non autorizzato preventivamente è la cosa più terribile che possa accadere! Ha un rientro di massimo 30 giorni con tassi che arrivano al 25% (quasi da usurai); il TAEG medio annuo è circa del 7,22%! I costi implicati da uno scoperto di conto sono: interessi passivi, spese di istruttoria e di conto, commissione di massimo scoperto e segnalazione alle banche dati del Credit Bureau. Si applica la Commissione di Istruttoria Veloce (CIV) per lo sconfino (lo scoperto di conto in questione) di 500 euro per 7 gg come per i fidi e, al pari di quelli, dopo il settimo giorno si aggiungono circa 33 euro al giorno di costi.

Cercate di non andare mai in rosso sul conto; se avete molte spese da sostenere, è sempre preferibile l'idea di prendere un prestito o un mutuo (in base all'entità della cifra da richiedere), che hanno un tasso che potete definire con la banca (chiaramente più agevolato rispetto ai due casi precedenti) e un rientro più o meno a lungo termine, con scadenza mensile. Se proprio avete bisogno di un prestito, date uno sguardo alle banche online, perché di solito hanno tassi di interesse più bassi rispetto alle banche tradizionali. Come accennato precedentemente, bisogna scegliere la forma di finanziamento più adatta, considerata la spesa da affrontare, in modo da ottenere un TAEG annuo più vantaggioso.

Un giorno mia nonna mi fece notare, sul suo estratto conto, che la banca le aveva addebitato 5 euro di "altre spese". Cosa potevano mai essere? I soldi della gestione del conto e di tutti i movimenti bancari erano già contabilizzati, quindi questi 5 euro a cosa erano riferiti? Mia nonna andò in banca con il resoconto mensile e ovviamente chiese spiegazioni. Dopo 20 minuti di ricerca con il banchiere, quello le disse: «C'è stato un errore del computer e le verranno riaccreditati».

Ecco, fermiamoci un istante. Una frase del genere poteva essere detta solo a una signora di 80 anni. Una banca non fa errori. Quante piccole somme sottraggono, in questo modo, le banche, per servizi non richiesti che comunque ci fanno pagare? Consiglio, perciò, di comparare sempre il resoconto bancario trimestrale con quello del mese precedente. Perché trimestrale? Perché ogni tre mesi vengono conteggiati tutti i tassi di interesse, tutte le spese extra di gestione e così via. Controllate sempre il riassunto e le competenze, perché lì troverete gli interessi attivi, gli interessi passivi, le spese di gestione del conto e lo sbilancio competenze.

A questo punto c'è un'altra cosa da sapere: solo un terzo degli italiani detiene meno del 10% della propria ricchezza finanziaria come liquidità sul conto corrente. Per i restanti due terzi, la liquidità rappresenta oltre il 10% della ricchezza finanziaria totale. Questa decisione, che potrebbe essere considerata una scelta sicura ed economica per molte famiglie, ha in realtà dei costi importanti di cui si è spesso inconsapevoli. I conti correnti con una giacenza media annua inferiore ai 5.000 euro sono esentati dal pagamento dell'imposta di bollo; sopra quella cifra si paga invece un'imposta di bollo fissa annua di 34,20 euro. Su un conto con giacenza media di 5.000 euro, 34,20 euro rappresentano quasi il 7 per mille del capitale. Pertanto il conto corrente risulta estremamente svantaggioso rispetto a tutti gli strumenti finanziari per i quali si paga un'imposta di bollo proporzionale del 2 per mille.

Se non si lasciasse la liquidità sul conto corrente, ma la si investisse, nel medio periodo si avrebbe un rendimento maggiore. Si può obiettare, giustamente, che non si può fare a meno del conto corrente perché ognuno ha delle spese ricorrenti da affrontare. È inoltre importante avere cura di non farsi trovare impreparati, evitando così di pagare gli interessi passivi sullo scoperto. Tuttavia esistono sul mercato strumenti efficienti, diversificati e accessibili anche a partire da somme molto contenute, che possono fare al caso dei piccoli risparmiatori. Perciò il mio consiglio è quello di tenere liquido il fondo degli imprevisti ed altri piccoli accantonamenti che servono ad uno scopo preciso (bollette, università, ecc.), ma di investire il rimanente in prodotti finanziari personalizzati (portfolio) o in investimenti immobiliari/imprenditoriali.

Il problema dei pagamenti automatici

Il mercato cambia velocemente e anche le sue forme di pagamento. Nel XXI secolo, siamo spinti sempre più a utilizzare la moneta elettronica e ad automatizzare ogni tipo di pagamento. Ad esempio, Amazon USA ha il tasto rapido per acquistare, cosa che "fortunatamente" in Italia ancora non abbiamo.

Ciò significa che tutta la procedura composta da 3 passaggi – conferma del tipo di carta, indirizzo di spedizione e riepilogo dell'acquisto – negli Stati Uniti non c'è. Basta un click e avete già speso i vostri soldi senza nemmeno rendervene conto! Un'ultima idea brillante per far spendere soldi senza rendersene quasi conto, anche questa proveniente dagli Stati Uniti, è il frigorifero collegato in rete che ordina le cibarie man mano che finiscono. Chiaramente, appena parte l'ordine, dal conto vengono prelevati i soldi senza che ci se ne accorga.

Tutti i giorni vediamo pubblicità che sollecitano il pagamento automatizzato delle bollette, pagamenti attraverso lo smartphone ecc. *Tutti questi meccanismi di pagamento automatico sono da evitare*. Se state leggendo questo libro vuol dire che state cercando di "rimettere in carreggiata" le vostre finanze e, per fare ciò, è necessaria la vostra completa consapevolezza, anche se questo implicherà del tempo aggiuntivo per gestire i pagamenti. Per tale ragione evitate, fin tanto che le vostre finanze non siano "sanate", l'impiego di forme di accredito automatico.

La beneficienza

Questo argomento è considerato dagli scettici poco opportuno in un momento in cui le finanze sono in deficit. Come si può donare prima ancora di avere? Gli antichi testi recitano «Dai e ti sarà dato» e di certo è un paradosso donare qualcosa che non si possiede. Per logica questo non può accadere, ma a un livello spirituale superiore è proprio ciò che accade.

Su questo punto, in cui ogni essere umano, animale o cosa è collegato in qualche modo con tutti gli altri, facendo parte di un disegno di fede più ampio, si incontrano la fede spirituale e la vita terrena. Donate il vostro amore, il vostro tempo, la vostra saggezza, il vostro talento, il vostro sorriso a chi non ne ha; donate qualcosa di voi a chi ne ha bisogno. Tutto quello che donerete, la vita ve lo renderà in abbondanza.

Avete mai notato che, quando donate un sorriso a qualcuno, quello ve lo restituisce? È contagioso: sorridete e tutti intorno a voi sorrideranno. E avete notato che, quando siete arrabbiati, tutta la giornata va storta? In quel momento pare che tutti ce l'abbiano con voi anzi, che il mondo intero ce l'abbia con voi. In realtà è solamente il nostro pensiero a influire sia positivamente che negativamente su ciò che vediamo, quindi sta a noi, in questo caso, donare qualcosa di positivo.

Ma, in pratica, quanto bisogna donare? Non c'è una cifra precisa, è il gesto a essere fondamentale. Anche i più grandi esperti del settore economico si sono espressi a riguardo. Si crede che l'ideale sia donare la decima parte del proprio benessere, ovvero il 10% dei propri incassi.

Queste donazioni contribuiranno a moltiplicare la vostra ricchezza in maniera indiretta e a farvi sentire in armonia con l'universo. Tutti i più grandi imprenditori fanno donazioni, anche anonime, perché sanno che, aiutando gli altri, le loro ricchezze non ne saranno intaccate, anzi si moltiplicheranno.

Ha funzionato per Rockefeller come per John Marks Templeton che, in un'intervista, disse: «Pagare la decima parte dà sempre un grande ritorno in termini economici sul proprio investimento». Il denaro può essere considerato sotto varie forme: materiale, temporale e spirituale.

Donate in un modo e potreste ricevere sotto un'altra forma, ma non ha importanza, purché questo meccanismo non si fermi mai! Molte persone che hanno una consapevolezza segnata dal deficit economico, pensano che distribuire denaro significhi ridurne la quantità a propria disposizione (100% - 10% = 90%), in realtà è solo una piccola parte del nostro patrimonio.

Quindi donate. Forse all'inizio vi sarà complicato entrare in quest'ottica ma, quando sarà diventata un'abitudine, noterete come donare possa tornarvi indietro tante volte di più.

RIEPILOGO DEL CAPITOLO 4:

- SEGRETO n. 1: fate un piano di accumulo avendo la costanza di versare una cifra idonea nel corso del tempo.
- SEGRETO n. 2: create un fondo per gli imprevisti.
- SEGRETO n. 3: riducete al minimo carte di credito e bancomat per ridurre le spese.
- SEGRETO n. 4: evitate il fido bancario per le spese personali, lo scoperto di conto e i pagamenti automatici.
- SEGRETO n. 5: fate beneficienza.

Capitolo 5:
Money Hacks

Ho intitolato questo capitolo "Money Hacks" perché voglio accingermi a illustrare alcuni pratici e facili "trucchetti" che uso quotidianamente e che, a fine mese, alleviano un po' le pene del portafoglio. Vediamo allora come recuperare denaro dalle piccole cose della vita quotidiana, analizzando vizi, abitudini sbagliate e occasioni di risparmio che non vediamo o di cui non ci accorgiamo.

Il salvadanaio

Quante volte vi è capitato di ritrovare qualche monetina abbandonata per casa, nella tasca dei jeans che dovete lavare o in una giacca durante il cambio stagione? Può apparire un trucco banale, ma l'abitudine di recuperare ogni monetina che abbandono per casa o che rimane dai resti della spesa mi dà sempre grande soddisfazione e ogni volta mi meraviglio dell'ammontare del totale quando, a fine anno, faccio il conteggio. Consiglio caldamente, per praticità e per acquisire questa nuova abitudine, di metterle in un bel salvadanaio, esteticamente attraente, posizionato in un punto strategico, come l'ingresso di casa. Vi domanderete: perché vicino alla porta di ingresso? Semplice, perché è il miglior posto di passaggio dove il gesto di liberarvi degli spiccioli fastidiosi come i "bronzini" vi sarà più immediato.

Io utilizzo un salvadanaio a forma di cassetta della posta color rosso fuoco: impossibile dimenticarsene! Ovviamente va aperto esclusivamente alla fine dell'anno, perché così facendo vi renderete conto di quanto avete in effetti recuperato. Quindi non fate i "furbetti"! Se lasciaste i vostri spiccioli ovunque, avreste la tendenza a perderli o a spenderli. Invece, così facendo, potranno finire nel conto dei risparmi di cui abbiamo parlato in precedenza. Quanto vi frutta questo recupero? In base alla mia esperienza, mediamente 130/180 euro l'anno. Sembrano pochi, ma nel calderone del risparmio fanno la loro parte.

La spesa intelligente

Un ambito in cui il denaro esce, mio malgrado, senza troppo

controllo è la spesa, sia quella alimentare sia quella dei detersivi. Un fattore molto importante che dobbiamo sempre tenere a mente è che le aziende sfruttano tutte le tecniche di marketing in loro possesso per invogliarci a comprare un prodotto o per creare in noi l'idea di averne un urgente bisogno. Il mio obiettivo, perciò, è quello di non farvi abbindolare e di indurvi a fare una spesa sensata e senza sprechi.

1) Cercate di fare la spesa sempre a stomaco pieno o dopo i pasti. È scientificamente provato che, quando si va a fare la spesa affamati, si è molto più suscettibili ad acquistare più del necessario e per gola. Se si è appena terminato un pasto, si sarà sicuramente meno invogliati dagli assaggini offerti dai promoter o dalle fotografie di piatti succulenti impresse sulle confezioni dei prodotti.

2) Fate una lista della spesa che contenga esattamente le cose che servono e datevi un budget massimo di spesa. Spesso mi capitava di andare al supermercato con la mia bella lista e, spinta dalle varie promozioni e offerte, di tornare a casa con molti più prodotti del previsto, convinta di aver risparmiato e di aver fatto un affare.

In definitiva, però, quando mi mettevo a fare i conti mi accorgevo di aver sì risparmiato sui prodotti, ma di aver speso più del previsto per cose non indispensabili.

Ho iniziato pertanto a usare la calcolatrice durante la spesa. Capisco che può sembrare "strano", ma non dovete per forza usare la vera calcolatrice dei tempi della scuola, dal momento che tutti i telefoni cellulari ne sono provvisti. Ogni volta che inserite un prodotto nel carrello, aggiungete il prezzo. Fate così per tutti i prodotti della vostra lista della e spesa e, prima di recarvi alla cassa, guardate il totale. Alcune catene di supermercati, per facilitare le famiglie, consegna a chi possiede la fidelity card un lettore per i codici a barre dei prodotti, in modo che possa sapere in anticipo il totale e poi pagare in maniera rapidissima alle casse automatiche. In questo modo si può vedere il totale prima dell'arrivo in cassa, quando si è ancora in tempo per poter ricollocare il superfluo sugli scaffali.

3) Se siete clienti abituali di qualche supermercato, fate la tessera per la raccolta punti per usufruire di sconti e promozioni. A riguardo, di recente ho scoperto che alcuni distributori alimentari

su Internet fanno offerte più vantaggiose dei supermercati, con la differenza che spendi meno e ti arriva a casa. Comodo, vero? Una coppia di miei amici con due bimbe piccole, tra cibo e detersivi igienizzanti, spende quasi un intero stipendio in un mese. Sfruttate i tempi morti per fare queste ricerche su Internet, perché potrete risparmiare molti soldi.

4) Non riempite eccessivamente il frigo. Quando si compra un numero elevato di prodotti, tanto da avere ogni minimo spazio del frigo occupato, spesso durante la settimana qualcuno di questi prodotti viene dimenticato, scade, oppure si guasta perché posizionato in una zona non adatta del frigo. A me succedeva in particolar modo con la frutta.

Ogni prodotto che buttiamo è uno spreco di cibo e soldi e, perciò, va evitato. Come fare allora a sapere quali articoli ci serviranno sicuramente durante la settimana? Un metodo pratico è fare un menù dei pasti settimanali mentre si compila la lista della spesa. Così facendo, tutti gli ingredienti delle varie ricette saranno contenuti nella lista nelle giuste proporzioni e, allo stesso tempo, si saprà esattamente quali prodotti potremo evitare di comprare per quella settimana. Non ha senso comprare ingredienti per 12 quando in casa si è in 4! Applicando questi accorgimenti, si arriva a ridurre di circa il 30% il budget annuale necessario per la spesa alimentare e per i detersivi.

La mobilità

Un altro modo per abbattere i costi è quello di ridurre le auto in uso in famiglia. So cosa state pensando: «Il mio macchinone consuma tanto, ma lo uso poco, e le mie utilitarie consumano poco e si mantengono con niente...» Tranquilli, ci sono passata anch'io. Dobbiamo renderci conto che ormai le auto sono parte integrante della nostra vita e non possiamo farne a meno. Quindi? Voglio chiedervi: avete mai fatto i conti di quanto spendete per ogni auto che possedete sommando la manutenzione, l'assicurazione, il bollo e il carburante? Sicuramente no!

Io e il mio compagno possedevamo due auto, un fuoristrada dalla grande manutenzione e i consumi elevati e un'utilitaria diesel a bassi consumi e costi. Un giorno, in un parcheggio, facendo retromarcia, una signora distrusse letteralmente la nostra utilitaria e, da quel giorno, facemmo i conti con la realtà. Ci eravamo affezionati a quell'auto, ma ci conveniva davvero ripararla? Fermandoci un minuto a pensare, con la calcolatrice alla mano, ci rendemmo conto, per la prima volta, di quanto effettivamente costasse la manutenzione di quell'auto, a cui bisognava aggiungere le spese di riparazione! Presi dallo shock, facemmo lo stesso tipo di conteggio annuale anche per l'altra auto: le cifre erano ancora più alte!

A questo punto ci domandammo: «È possibile fare a meno di una delle due auto?» Questa domanda ci ha catapultato in un vortice di pensieri, facendoci riflettere sui nostri orari lavorativi e impegni e facendoci fare mente locale su come fosse possibile incastrarli tra loro. Con un po' di organizzazione ed elasticità mentale ci accorgemmo che era fattibile e che era possibile risparmiare molti soldi per la fine dell'anno! Vorrei precisare che, in media, un'auto viene utilizzata circa 7 anni prima di essere sostituita con una nuova vettura. Ciò significa che, nel nostro caso, ipotizzando di rinunciare all'auto, avremmo potuto risparmiare complessivamente circa 2.000 euro l'anno e, quindi, in 7 anni, circa 14.000 euro!

Fate i conti di quanto spendete in un anno per ogni auto che possedete, imputando le seguenti voci: bollo, assicurazione, tagliando, manutenzione ordinaria e costo medio del carburante annuale. A questo punto fate il totale. È come ve lo aspettavate? Oppure quei soldi sarebbero potuti servire per qualcosa di davvero importante o per saldare qualche conto? Se moltiplicate il valore ottenuto per 7... di che cifra stiamo parlando?

Oggi i social ci hanno regalato molte più soluzioni per ovviare al problema. Io per esempio divido l'automobile con il mio fidanzato e faccio l'abbonamento annuale ai mezzi pubblici, ma non dovete per forza adottare la mia soluzione. Molte mie amiche fanno car sharing, oppure quando devono affrontare lunghe percorrenze usano i social per farsi pagare la tratta. Ormai non c'è più solo il car sharing, ma si possono anche condividere motorini e biciclette.

Tuttavia per alcuni può essere vantaggioso un noleggio mensile/annuale o un leasing, ovviamente in base ai singoli casi. Per chi lavora vicino casa, un modo pratico di spostarsi e fare attività fisica potrebbe essere la bicicletta elettrica. Sta a ognuno di voi il compito di trovare la soluzione più intelligente e conveniente per le vostre necessità, ma spero almeno di avervi dato uno spunto utile.

Vendere il superfluo

Quante cose avete in casa che abitualmente non usate? In casa gli oggetti, inevitabilmente, si accumulano. Che si tratti di un regalo o di un'eredità, occupano spazio e non hanno tutti lo stesso valore nel nostro cuore. A meno che gli oggetti in questione non siano particolarmente preziosi o rari, più rimarranno in casa vostra, più valore perderanno.

Ciò vale soprattutto per gli elettrodomestici. Le tecnologie vengono superate, le mode passano e, alla fine, sai che fine faranno quegli oggetti? Verranno buttati. Molte persone che conosco possiedono così tanti oggetti da non ricordare di averli e da non sapere nemmeno dove si trovino. Quindi, quelle rare volte che ne hanno davvero bisogno, che fanno? Li ricomprano!

Molte persone hanno soffitte o cantine piene di mobili e oggetti che non usano, ma è bene sapere che è possibile fare ordine nella propria vita e contemporaneamente racimolare qualche soldo. L'importante è incominciare usando ogni ritaglio di tempo disponibile. Bisogna innanzitutto dividere in scatole gli oggetti da vendere e quelli da dare in beneficienza, perché magari danneggiati o obsoleti. Fatta questa prima suddivisione, vi consiglio di usare siti come Subito.it, eBay, Amazon, Shpock ecc. per pubblicare i vostri annunci suddivisi per categoria. Prima di stabilire il prezzo, controllate che l'oggetto non sia già in vendita presso un altro utente e, se lo è, a che prezzo: è meglio mettere prezzi un po' più bassi dei competitor, ma vendere il prima possibile. I soldi che potreste fare oggi, non hanno lo stesso valore di quelli che fareste tra sei mesi...

Ricordatevi di fare le vostre ricerche su Internet in modo accurato per trovare il vero valore dei vostri oggetti. Fate anche attenzione a quegli oggetti che, da soli, non valgono nulla, ma che nel contesto di una collezione possono valere una fortuna! Cercate sempre di capire il mercato che hanno. Ad esempio, in una collezione di bambole *Barbie* bisogna capire l'anno di fabbricazione, la manifattura (se ha vestiti di stoffa lavorata a mano o industriali) la provenienza ecc., perché in base a questi parametri il valore sale o scende. Quindi dedicate del tempo a queste ricerche, perché potrebbero fruttare denaro. Potete vendere anche bigiotteria, giocattoli che non utilizzate, libri scolastici, oggettistica varia ecc.

Possedere mobili antichi lavorati a mano, o semplicemente mobilio tenuto davvero bene, può farvi fruttare uno stipendio extra. Io ho fatto così con un piccolo monolocale ereditato da mia nonna. Volevo affittarlo, ma era pieno zeppo di mobili. Non erano mobili particolari, ma erano comunque tenuti bene e in legno massello. Non potevo tenerli nella casa da affittare, perché erano troppo ingombranti, né avevo spazio a casa mia. Così mi sono rivolta a un negozio in cui si rivendono gli oggetti usati di buona fattura e, vendendo un tavolo, dei mobiletti e altro ho ricavato circa 1.000 euro.

Molti di voi penseranno che magari valevano di più, ma se avessi aspettato di venderli a un prezzo più alto, quante mensilità in meno avrei ottenuto dal mio appartamento? Molte persone pagano l'affitto di un garage o di una cantina per depositare gli oggetti che non riescono a trovare una collocazione in casa. È una spesa davvero necessaria? Avete pensato anche alla fatica che farete un giorno per traslocare gli oggetti o per svuotare i locali? Trovate qualsiasi cosa stiate cercando, nei vostri depositi? Se la risposta ad almeno alcune delle mie domande è sì, allora è arrivato il momento di rimboccarsi le maniche e iniziare ad "alleggerirsi"!

Rivalutare l'usato, il ricondizionato e lo shopping online

Quando dobbiamo comprare un oggetto davvero utile o necessario è molto importante decidere *dove* comprarlo. Che si tratti di un'auto, di un elettrodomestico o di un libro, prima di comprare è fondamentale informarsi sui prezzi e non prendere decisioni costose nel giro di pochi minuti, avendo visitato solo uno o due negozi.

Sì, è giusto entrare nei negozi per vedere i prezzi dei vari competitor, ma la ricerca non dovrebbe terminare lì. Tornati a casa, dovreste verificare innanzitutto i prezzi di quegli stessi oggetti sui più importanti siti di e-commerce, come eBay e Amazon. Soffermatevi a vedere non solo i prezzi del nuovo, ma anche quelli dell'usato e del ricondizionato. Ci sono anche altri validi siti dedicati all'usato. Ovviamente, se volete acquistare un'auto, l'usato non va cercato su questi siti di e-commerce, ma su siti specifici del settore. Prima di comprare, consiglio comunque di vedere l'oggetto, in modo da verificare che sia conforme alla descrizione, e di verificare subito la sua funzionalità facendola valutare da un esperto.

Ad esempio, su AutoScout24, un sito che tratta l'usato di auto e moto, ho acquistato una jeep molto valida direttamente da un concessionario, trattando sul prezzo. Ho risparmiato molti soldi e ho trovato l'auto dei miei sogni, ma ho passato qualche mese a cercare e a valutare offerte. Lo so che può sembrare un processo lungo e noioso ma, se si entra nella logica, diventerete sempre più bravi e veloci nel fiutare gli affari e le fregature.

In generale, voglio evidenziare che, comprando online cosmetici, detersivi, accessori per la casa ecc., non solo si risparmia tempo, ma si risparmia anche quasi sempre il 20% rispetto al prezzo del negozio. Senza contare che anche online ci sono saldi e offerte, a volte anche offerte lampo!

Colgo l'occasione per darvi un altro suggerimento. A chi piace spendere molto per i regali di Natale? E chi se lo può permettere? Però, magari si vuole fare un regalo bello o utile e, alla fine, si scende a compromessi spendendo molto più del previsto. A me succedeva ogni anno, a Natale, perché volevo sorprendere la nonna, mio padre, il mio fidanzato e, alla fine, il mio portafoglio e il mio bancomat ne uscivano svuotati. Decisi perciò di comprare online in anticipo, cogliendo al volo le promozioni che ogni anno, a novembre, gli e-commerce propongono per il Black Friday. Nei giorni intorno al Black Friday ci sono molte offerte lampo e gli sconti arrivano anche al 60-80%! Allora, se siete anche voi spendaccioni come lo ero io, il prossimo anno pensateci, perché potreste fare regali davvero belli e inaspettati a prezzi ideali per le vostre tasche.

Piccole rinunce quotidiane

Ci sono tantissime persone che trovano conforto in piccoli vizi quotidiani, come andare ogni giorno al bar, in edicola a comprare i giornali o in tabaccheria a prendere un "Gratta e Vinci". Lungi da me dirvi di non godervi la vita o di non prendervi un caffè con gli amici ogni tanto, ma *una tantum* non vuol dire *ogni giorno*. Far diventare il bar un rituale fisso è un vizio che, a fine mese, se spendete una media di 3,50 euro al giorno, vi risulterà caro. Sono 105 euro al mese e circa 1.260 euro all'anno! Lo stesso conteggio si potrebbe fare sui giornali o sui "Gratta e Vinci". Il giornale, se siete dei lettori accaniti, conviene leggerlo online per modiche cifre annue e senza alcun spreco di carta. Se invece il giornale lo comprate solo la domenica, il problema non si pone, perché è un avvenimento raro.

Ma prestate bene attenzione a quanti acquisti da pochi euro fate ogni giorno, perché, come nell'esempio del bar, a fine anno potrebbe rivelarsi una spesa ingente. Quanti lavoratori, ad esempio, per non prepararsi il pranzo spendono ogni giorno circa 10 euro al ristorante (mi rivolgo soprattutto agli aziendali)? Non parlo di quelle tre volte al mese in cui avete un imprevisto, ma della quotidianità. Anche in questo caso il conto è facile: 10 euro al giorno per 5 giorni sono 50 euro, in un mese di 4 settimane sono 200 euro e in un anno diventano circa 2.400 euro di pranzi.

Sono cosciente che il processo per diventare risparmiatori non debba diventare un passaggio cruento, ma graduale. Perciò iniziate con il fare qualche piccola rinuncia e, piano piano, implementate più che potete. All'inizio sembrerà faticoso, ma quanto avrete più soldi per voi gioirete per tutte le rinunce che avrete fatto e sarete davvero orgogliosi dei vostri sforzi.

Sfruttare al massimo i tutorial

Su YouTube ci sono milioni di persone pronte a dare consigli su come curare il giardino, come occuparsi della propria estetica o come fare piccoli lavoretti di casa. Personalmente ne faccio largo uso. Ogni volta che voglio truccarmi in modo particolare, o farmi un'acconciatura originale, o la manicure, li guardo e copio. Io non avrei i soldi per andare assiduamente dall'estetista per la ceretta o per le unghie delle mani e dei piedi, perciò vi posso assicurare che, con un po' di allenamento per acquisire manualità, si ottengono grandi risultati.

Sono molte le blogger divenute famose per i loro validi consigli, perciò vi esorto a verificare quali sono le più brave e a iscrivervi ai loro canali. Ci sono alcuni trattamenti che, ovviamente, non potrete fare da soli perché particolarmente complessi – ad esempio alcune tinte o tagli di capelli – ma guardate attentamente quello che potete imparare a fare da soli. Formarvi sul lato estetico potrebbe farvi risparmiare davvero tantissimi soldi a fine anno. Più imparate, più risparmiate!

Anche il mio ragazzo consulta frequentemente i tutorial di YouTube, soprattutto quelli attinenti alla manutenzione dell'auto e ai lavoretti di casa, oltre alle recensioni degli apparecchi audio. Ultimamente sta pianificando di sistemare il recinto di legno di casa; ovviamente non ha la minima esperienza su cosa fare e come farlo, ma ha trovato un paio di video molto validi che spiegano i vari passaggi, quali prodotti comprare e le tecniche di applicazione da utilizzare. Li ha salvati nella sua playlist di YouTube e, appena potrà, sistemerà casa da solo. Quanto ci sarebbe costato un ragazzo, per un paio di giorni di lavoro, magari durante il fine settimana? Certo, inizialmente bisogna perderci un po' di tempo, ma il ritorno economico è assicurato!

I centri commerciali
Sconsiglio caldamente di entrare nei centri commerciali quando si è stanchi, tristi o annoiati, perché è proprio in quei momenti che si compra ciò che non è necessario e si è più suscettibili alle promozioni e agli sconti. Inoltre, secondo me, è importante

associare lo shopping a un evento gioioso e consapevole e non viverlo come un momento di autoterapia. È infatti in questo modo, come peraltro accade con gli alcolici e i cibi spazzatura, che nascono i vizi e le compulsioni.

Il centro commerciale è un luogo da frequentare quando bisogna comprare qualcosa di determinato e, di sicuro, non è il posto adatto per passarvi pomeriggi interi. Ogni qual volta vi capiterà di innamorarvi di qualcosa in maniera imprevista, chiedetevi sempre:

- Mi serve davvero?
- Mi serve *ora*?
- Posso rimandare l'acquisto a un momento migliore?
- Devo comprare proprio in questo negozio o c'è un posto fisico o virtuale dove posso acquistare a un prezzo migliore?

La risposta a queste domande serve a rendervi più coscienti di ciò che fate.

I coupon

Non potevo non trattare un argomento così attuale! Sono molte le persone che vorrebbero avvicinarsi al mondo dei coupon, ma che poi non lo fanno per paura di perdere troppo tempo nella ricerca e nella raccolta. La verità è che si perde molto tempo il primo weekend, quello in cui ci si iscrive e si devono compilare decine di format con i propri dati, ma accade solo la prima volta! Innanzitutto, per vivere al meglio l'esperienza dei coupon, vi consiglio caldamente di creare una casella di posta elettronica dedicata alla pubblicità e ai coupon, da usare anche per le promozioni delle grandi catene ecc. Così facendo non avrete email con dati sensibili e di lavoro immerse in un mare di pubblicità. Ve lo dico perché, la prima volta che mi iscrissi ai siti per scaricare i coupon, me ne allontanai per le milioni di email che mi intasavano la posta e non mi consentivano di trovare quelle più importanti.

Dopo aver fatto ciò, dovete registrarvi sui siti che consentono di scaricare i coupon, come Sconty.it, Desideri Magazine, ScontOmaggio, Buonpertutti ecc. Vi avviso, la prima volta che vi accederete, qualunque buono sconto vogliate scaricare, vi dovrete iscrivere al sito della marca in promozione ma, mano a mano che diventerete assidui fruitori dei coupon e sarete iscritti a quasi tutti i siti, dovrete solo accedere con il vostro account, perciò l'operazione diventerà molto più facile e veloce.

I coupon vanno stampati, alcuni in bianco e nero, altri a colori (è scritto sul coupon) ed hanno un numero massimo di volte in cui possono essere scaricati o stampati. Perciò vi consiglio, prima di scaricarli, di verificare che la vostra stampante funzioni e che sia impostata sui colori (se necessario), perché una volta inviata la stampa se ci saranno intoppi non potrete più scaricare il coupon.

Il coupon diventa particolarmente vantaggioso quando vi si trovano associate delle offerte del supermercato, e ciò si verifica a partire dai volantini pubblicitari, visibili anche online. Quando vi arriva un volantino con delle promozioni che durano due settimane, se per caso in quel frangente avrete anche un coupon dello stesso prodotto, lo potrete usare per ottenere uno sconto ulteriore.

Non tutti i supermercati accettano i coupon e le offerte cumulate, perciò, prima di farvi la spesa, chiedete direttamente al direttore e scegliete di fidelizzarvi al supermercato più vicino a casa vostra che possieda questo requisito.

È importante puntualizzare che in Italia il sistema dei coupon differisce da quello degli Stati Uniti, infatti, per esempio si può usare un solo coupon per prodotto (negli USA si possono usare più coupon per uno stesso prodotto).

Vi consiglio di controllare di settimana in settimana le offerte e di utilizzare un raccoglitore dove coupon e altri buoni siano divisi in base alla scadenza, così da sapere in quale ordine di priorità consumarli. A questo punto non rimane che fare la spesa e usufruire degli sconti. Mi raccomando, non fotocopiate i coupon, perché è un reato e hanno un codice identificativo. Una truffa di questo genere danneggerebbe il supermercato, che presto smetterebbe di accettare i coupon, danneggiando tutti i consumatori. Quindi, fatene un uso responsabile! Non dimenticate, a fine spesa, di vedere se ci sono altri coupon sul retro degli scontrini, pratica sempre più adottata in Italia.

I buoni spesa

I buoni spesa funzionano come vere e proprie banconote per poter pagare i propri acquisti. Di solito fanno parte di promozioni a premio sicuro, sotto forma di buono, a fronte di un certo ammontare di soldi spesi nell'acquisto di prodotti di una marca.

Tali promozioni si trovano sempre nei volantini delle varie catene di supermercati e negozi di prodotti per la casa e sono sempre in bella mostra in riquadri dove c'è scritto: «Ogni 10 euro spesi in prodotti *** riceverete 10 o 20 euro sicuri in buoni spesa».

Vi chiederete, se sono così sicuri, perché non lo facciano tutti. Vediamolo insieme. Innanzitutto, la prima volta che comprate quei prodotti, i soldi inevitabilmente li spendete, ovvero investite quei 10-15 euro (anche se potete usare i coupon, se li avete!). Dalle volte successive, però, potrete pagarvi buoni con altri buoni, e questo risulterà un passaggio vantaggioso.

Diciamo che volete questo buono spesa a fronte dei prodotti acquistati, come fate per ottenerlo? Per prima cosa non buttate via lo scontrino, perché la prova dell'acquisto è fondamentale. Andate sul sito dell'azienda, registratevi e compilate il format per ottenere il buono spesa. L'azienda vi chiederà di spedire lo scontrino via posta e, in cambio, vi invierà indietro il buono spesa. Vi avviso che ci vuole un po' di tempo per ricevere il buono spesa, perché viaggia con la posta ordinaria.

Il primo errore che comunemente si commette è comprare magari 20 euro di prodotti per ottenere 2 buoni sconto e inviarli su un unico scontrino. Nel regolamento c'è sempre scritto che si otterrà un buono spesa a scontrino, perciò è fondamentale, per ottenere più buoni spesa, fare più scontrini separati (quindi uno scontrino per ogni buono spesa da ottenere). Verificate inoltre, fra le norme del concorso, qual è il numero massimo di scontrini per persona che si possono inviare; di norma sono tre. Al massimo, se ne volete di più, portatevi mamme, nonne, sorelle e fidanzati!

Un altro errore comune è spedire lo scontrino in ritardo. Di solito lo scontrino deve essere affrancato sulla busta con una data che sia di 3-5 giorni successiva a quella dello scontrino. Anche in questo caso, però, prendete questo dato con le "pinze", perché ogni concorso ha le sue regole. Ad esempio, se il tempo concesso è 3 giorni, non fate la spesa di venerdì e sabato, ma dalla domenica in poi, altrimenti rischiate di avere comunque un'affrancatura che non sarà considerata valida.

Attenzione però, perché non tutti i concorsi di questo genere sono convenienti. Lo sono solo quelli che non richiedono la spedizione tramite posta prioritaria; in questo caso, infatti, il vantaggio del vostro buono spesa rischia di dimezzarsi e, ovviamente, la fatica non varrebbe la pena.

Perché questi buoni spesa sono vantaggiosi? Perché il buono che riceverete lo potrete usare, nella stragrande maggioranza dei casi, su tutta la spesa e su ogni prodotto.

La cosa più furba, però, è investirli per comprare altri prodotti che diano anch'essi buoni spesa, generando così una spirale di buoni spesa che aumenta progressivamente! Usando i buoni su altre promozioni che a loro volta procurano buoni è come se quei prodotti fossero regalati. Se poi si aggiunge anche qualche coupon, il totale della spesa scenderà vorticosamente.

Ovviamente, se vi serve per un'emergenza, usateli per acquistare altro, ma la tecnica ideale consiste nel moltiplicarli di molto, per poi utilizzarli per tutto, sia per altre promozioni, sia per la spesa. Mi raccomando: occhio alla scadenza! Anche i buoni spesa, come i coupon, hanno una scadenza, perciò vi consiglio di adoperare lo stesso raccoglitore dei coupon per catalogarli.

Gli sconti virtuali

L'ultima frontiera dei coupon sono gli sconti virtuali. *Cosa sono?* Sono delle app gratuite scaricabili dagli store dei dispositivi mobili che, previa registrazione (e qui torna utile l'account utilizzato per i coupon!), consentono di ottenere un rimborso sui prodotti che in quel momento sono in offerta sulla app.

Cosa significa un rimborso? Io ad esempio uso un'app che si chiama Ti Frutta (ce ne sono anche altre altrettanto valide), che rimborsa i soldi su un conto Ti Frutta, dal quale si possono poi girare su PayPal o bonificare sul conto bancario.

Di quanto rimborsano? Rimborsano la cifra corrispondente allo sconto presente sulla app.

In quanto tempo rimborsano? Nel giro di poche ore o di pochi giorni.

Cosa bisogna fare per dimostrare l'acquisto dei prodotti? Basta fotografare tramite l'app uno scontrino parlante. Uno scontrino è definito "parlante" quando mostra in dettaglio i prodotti, la data e l'ora di acquisto e la denominazione del punto vendita. Dopo poco vi verranno accreditati i soldi sul conto Ti Frutta e, quando vorrete, potrete girarli sul vostro conto. Per mostrare il contenuto dello scontrino al meglio, fate una foto su uno sfondo scuro. Se lo scontrino è lungo, cliccate su "aggiungi foto", in modo che sia visualizzabile per intero nel migliore dei modi possibili.

Che significato hanno le icone che compaiono nelle specifiche dei buoni? L'orologio indica la data di scadenza della promo, la "C" cerchiata e barrata indica che l'offerta del prodotto non è cumulabile con quella di altri buoni sconto. Se non c'è la "C" cerchiata e barrata, vuol dire che invece la promozione è cumulabile con quella del supermercato (wow!). La "M" cerchiata indica invece il numero massimo dei pezzi su cui è presente la promozione.

Perché questa app è pazzesca? Poniamo il caso che abbiate già fatto uso di un coupon sul prodotto acquistato, o che sia già in offerta al supermercato; se l'offerta della app è sugli stessi prodotti e se questi godono di un'offerta cumulabile su Ti Frutta, venite pagati ugualmente. Se ad esempio avete sfruttato un coupon e un'offerta del supermercato, magari pagando i fagioli borlotti 30 centesimi, se la app li rimborsa per 50 centesimi, vuol dire che per ogni scatola di borlotti guadagnerete 20 centesimi. Quindi, non solo non vi costano, ma vi fanno anche guadagnare!

Infine, è importante puntualizzare che "non cumulabile" con i coupon non vuol dire che non vale se un prodotto è in offerta al supermercato. Di solito l'offerta del supermercato è non cumulabile con altre promozioni, come i coupon (in America invece lo è). La cosa bella è che se tu hai un coupon per un prodotto in offerta e non lo puoi usare, Ti Frutta ti rimborsa comunque su quel prodotto se è in offerta in quel momento sulla app. Quindi Ti Frutta vale anche quando le offerte del supermercato non sono cumulabili con i coupon.

Concludendo, so che tutti questi consigli insieme in poche pagine possono apparire di difficile applicazione, perciò consiglio vivamente di iniziare con uno dei trucchetti, quello per voi più facile, e di continuare provandone altri, uno a uno. Quando li avrete implementati tutti e vedrete effettivamente quanto avete risparmiato, sarete davvero orgogliosi del vostro bel lavoro. A fine anno vi assicuro che avrete preservato migliaia di euro, con davvero poche rinunce!

Carte di fidelizzazione a circuito nazionale e internazionale
Questo trucchetto ne racchiude alcuni citati in precedenza. In cosa consiste esattamente? Facendo una registrazione online al sito web del circuito, si ha diritto ad avere una carta digitale (o stampabile) e l'accesso a utilizzare l'area riservata per le funzioni correlate.

Sebbene possa sembrare un processo analogo a quello che avviene per qualsiasi registrazione di fidelizzazione dei supermercati o negozi, in realtà è molto diverso. Questa tipologia di carte è valida in quasi tutti i paesi del mondo (ed è in continua espansione) e vi permette di guadagnare punti ogni volta che fate compere in negozi convenzionati, praticamente in qualunque parte del globo!

Un altro vantaggio di questa tipologia di carte è che raccoglie i punti anche quando acquistate online! Si possono cercare tutte le attività commerciali che aderiscono al circuito, che siano negozi, aziende della piccola o grande distribuzione o negozi online. In questa rete potete trovare praticamente di tutto, dalle farmacie ai franchising delle grandi catene di supermercati, dalle piccole e medie imprese alla bottega di quartiere. Chiunque ne può far parte, sia come consumatore che raccoglie punti, sia come azienda che vuole farsi pubblicità e attirare i clienti convenzionati.

Ma a cosa servono i punti? I punti possono essere trasformati in buoni sconto o in un premio monetario che verrà accreditato sul conto corrente. Questi sistemi prevedono anche i "buoni amicizia", che spettano se si invitano nuove persone a iscriversi. Questo bonus consente di guadagnare l'1% di tutte le spese che faranno le persone da noi invitate.

Per le imprese, che possono essere di ogni tipologia tranne tabaccherie, banche, assicurazioni e attività che prevedono scommesse, ci sono innumerevoli vantaggi. Le carte permettono di fidelizzare un numero illimitato di clienti e non solo valgono le regole citate per i consumatori, ma si hanno ulteriori servizi. Si ha innanzitutto visibilità online nel circuito e sulle relative applicazioni per dispositivi mobili, ma si può avere anche un servizio email di autoresponder per contattare la clientela e avvisarla delle promozioni e degli altri servizi associati.

Come spiegato nei capitoli precedenti, nel caso in cui qualcuno fosse in difficoltà ad arrivare a fine mese e stesse cercando un modo per crearsi una rendita, questo sistema prevede la possibilità di arruolarsi in un sistema di network marketing, lavoro che consente una grande flessibilità di orario e che si può ben integrare con altri lavori. Inoltre, dà la possibilità di fare carriera e di guadagnare bene in proporzione alle energie e al tempo che vi si dedica.

Ovviamente, la registrazione avviene in maniera diversa a seconda del ruolo che si vuole ricoprire (consumatore, azienda o promotore). Questo è importante perché i vantaggi di guadagno possono essere ottenuti in molti modi, alcuni più elaborati, e non solo tramite il guadagno relativo alla raccolta punti.

Sommariamente si può dire che i punti sono ripartiti in più raccolte con margini di guadagno molto alti e, una volta completato un album elettronico di raccolta, consentono di ottenere i buoni o l'accredito sopra citato.

Questo sistema è del tipo win-win, infatti tutti coloro che ne fanno parte ricevono dei guadagni, sia il consumatore, sia l'impresa, sia il promoter.

Per saperne di più potete scrivere al seguente indirizzo email: musumeci.gabriele@hotmail.com.

RIEPILOGO DEL CAPITOLO 5:

- SEGRETO n. 1: recuperate ogni moneta che avete in casa e mettetela in un salvadanaio.
- SEGRETO n. 2: prima di andare a fare la spesa, fate una lista precisa di tutto ciò che vi serve.
- SEGRETO n. 3: provate a valutare l'idea di fare a meno dell'automobile di proprietà.
- SEGRETO n. 4: iniziate a vendere tutte le cose che avete in casa e che non vi servono.
- SEGRETO n. 5: rivalutate l'usato, il ricondizionato e lo shopping online.
- SEGRETO n. 6: provate a rinunciare *una tantum* a qualche vizio quotidiano.
- SEGRETO n. 7: sfruttate al massimo i tutorial su Internet per imparare a fare determinate cose senza ricorrere all'aiuto di qualcuno.
- SEGRETO n. 8: quando volete fare un acquisto, chiedetevi se ne avete realmente bisogno.
- SEGRETO n. 9: usate i coupon per godere di offerte vantaggiose quando andate a fare la spesa al supermercato.
- SEGRETO n. 10: fate uso dei buoni spesa.

- SEGRETO n. 11: fate uso degli sconti virtuali.

- SEGRETO n. 12: usate le carte di fidelizzazione a circuito nazionale e internazionale per guadagnare punti ogni volta che comprate nei negozi convenzionati.

Conclusione

Mi auguro che tutti gli strumenti che ho descritto vi siano piaciuti, ma spero ancora di più di aver reso evidente quanto stabilire e rispettare un budget delle spese di casa non sia affatto un'impresa ardua. Serve solo un po' di organizzazione, di dedizione e di cura nell'annotare tutto.

Se riuscirete a gestire bene e a implementare questo sistema di notazione delle spese, sono sicura che rientrerete dei debiti, pianificherete i vostri risparmi e affronterete gli imprevisti con maggiore serenità.

Il mio più grande augurio è che diventiate maestri nella vostra gestione economica, così da potere in seguito progredire sul vostro percorso di crescita finanziaria, focalizzandovi non più su come "sopravvivere", ma su come imparare a "investire".

Questo libro è il primo passo verso quella meta che vi permetterà di vivere una vita piena e appagante. Sappiate che quella vita, qualunque sia la vostra situazione iniziale, con organizzazione e dedizione è alla vostra portata.

Buon lavoro!

Erica Vernetti Prot

Ringraziamenti

Vorrei ringraziare con tutto il cuore il mio fidanzato Gabriele, che mi ha sempre sostenuta e appoggiata nei miei progetti di vita. È per me il mio carburante inesauribile.

Non di meno vorrei ringraziare Giacomo Bruno e il suo collaboratore Roberto Bizzarri, per la dedizione con cui lui e la sua casa editrice si dedicano ai propri autori. Ma soprattutto sono grata per come sia stato in grado di farmi credere nei miei sogni e di poter riuscire a diventare "autrice".

Un abbraccio di cuore!

www.ingramcontent.com/pod-product-compliance
Lightning Source LLC
Chambersburg PA
CBHW071604200326
41519CB00021BB/6865